Pizzastein Kochbuch

Die leckersten und abwechslungsreichsten Pizza Rezepte von herzhaft bis süß und von Calzone bis Flammkuchen

Marco Zambrosi

Email: info@edition-lunerion.de
www.edition-lunerion.de

Psiana eCom UG
Berumer Str. 44
26844 Jemgum

Vorwort

Unendlich knuspriger Teig, zartschmelzender Käse und aromatisch saftiger Belag – das ist Pizza, wie wir sie lieben! Der einzige Wermutstropfen: Meist muss man auf diesen Genuss sehnsüchtig warten, bis der nächste Italienurlaub ansteht oder man gönnt sich hin und wieder den Besuch eines wirklich guten Restaurants. Dabei müssen Sie gar nicht so lange warten: Denn mit einem einfachen Pizzastein bringen Sie das Geheimnis wahrer Pizza ganz einfach in Ihre heimische Küche!

Wer sich am eigenen Herd schon einmal als Pizzabäcker versucht hat, der kennt vermutlich die Ernüchterung: Teig zu weich oder Belag zu trocken und Käse halb verbrannt – es scheint ein Hexenwerk, alles gleichzeitig richtig hinzubekommen. Das gilt aber nicht für den Pizzastein, denn der schlichte Superheld sorgt mit seinen natürlichen Eigenschaften dafür, dass Pizzaboden stets auf den Punkt genau perfekt knusprig gelingt. Ob aus Cordierit, Schamott oder Speckstein, die Wunderplatte gibt gleichmäßig große Hitze ab und nimmt in ihren Poren überschüssige Feuchtigkeit auf, was nicht nur Pizza unverschämt lecker macht, sondern auch Fladenbrot, Flammkuchen, Quiche und noch Einiges mehr. Das klingt umständlich? Ist es nicht! Denn sowohl Verwendung als auch Reinigung sind denkbar simpel und dieses Kochbuch zeigt Ihnen alles, was Sie über Anschaffung, Anwendung und Pflege wissen müssen. Also ran an den Stein und schlemmen Sie sich quer durch die verführerische Rezeptvielfalt aus bekannten Klassikern und ungewöhnlichen Kreationen!

Guten Appetit!

INHALT

Pizza wie beim Italiener

Viele Pizzaliebhaber haben schon unzählige Male versucht, in der heimischen Küche eine leckere Pizza zuzubereiten, die wie vom Italiener um die Ecke schmeckt. Einigen war es nicht gegönnt, dass sie in einen solchen Genuss kommen, denn meist fehlte bei der Zubereitung ein entscheidendes Teil – der Pizzastein. Schließlich besteht eine Pizza nicht nur aus einem saftigen Belag, sondern ebenso aus einem knusprigen Pizzaboden. Letzteres gelingt nur selten im heimischen Backofen. Soll der Boden schön knusprig werden, lassen viele ihre Pizza einfach länger im Ofen. Das Resultat: Der Pizzaboden ist zwar knusprig, dafür leidet aber der Belag. Wird die Pizza hingegen eher aus dem Backofen geholt, zeigt sich zwar der Belag von seiner saftigen Seite, aber der Boden ist dafür alles andere als knusprig. Mit Hilfe eines Pizzasteins wird die Pizza genauso, wie sie sein muss. Der Pizzaboden ist schön knusprig und der Belag dennoch saftig.

Schon die alten Griechen haben erkannt, dass ein Pizzastein hervorragende Dienste leisten kann, wenn es um die Zubereitung von Fladenbroten ging. Verfeinert mit leckerem Olivenöl und ein paar Kräutern, stellte man damals schon eine Variante der heutigen Focaccia her. Zumal nicht nur die damaligen Griechen Gefallen am Pizzastein fanden, denn ebenso die Römer haben diesen benutzt, um ihr Brot herzustellen. Mit der Zeit kam der Pizzastein dann auch im schönen Italien an, so dass die ersten Pizzen in Neapel ebenfalls auf Stein gebacken wurden.

Auch hierzulande wurden die Vorzüge von Pizzasteinen irgendwann bekannt und inzwischen findet sich ein solcher Stein in so manchem Haushalt.

DER RICHTIGE PIZZASTEIN

In der Regel bestehen die meisten Pizzasteine aus Cordierit, Speckstein oder aus Schamotte. Im Vergleich zum einfachen Backblech bringen Pizzasteine einige Vorzüge mit. So nimmt der Pizzastein das sogenannte Schwitzwasser, welches beim Backen einer Pizza entsteht, unverzüglich auf. Auf diese Weise bleibt der Pizzateig dann schön trocken und hat keine Möglichkeit, aufzuweichen. Das heißt, Sie kommen in den Genuss eines schön krossen Bodens, wie es bei einer Pizza bekanntlich sein sollte. Hinzu kommt, dass ein Pizzastein ein hervorragender Wärmespeicher ist. Die Hitze auf dem Boden wird optimal verteilt und das schön gleichmäßig. Wissenswert ist hier außerdem, dass es sinnvoll ist, den Pizzastein 30 Minuten vorab vorzuheizen. Zumal es ohnehin nicht besonders schwierig ist, mit diesem zu backen. Sie müssen diesen Stein lediglich auf die mittlere Schiene Ihres kalten Backofens platzieren und diesen bei 250 Grad Celsius in Betrieb nehmen. Jetzt kann der Stein schon einmal die Hitze aufnehmen, während Sie den Pizzateig zubereiten. Im Übrigen sollten Sie hier stets die Ober-/Unterhitze wählen, denn Umluft eignet sich nicht so gut.

Inzwischen finden sich im Handel nicht nur mehr Pizzasteine in unterschiedlichen Größen, sondern ebenso aus verschiedenen Materialarten. Cordierit sowie Speckstein gehören hier zu den am häufigsten verwendeten Materialien, denn diese erfüllen alle Anforderungen und gelten als besonders feuerfest sowie hitzebeständig. Gleichzeitig speichern diese Steine die Hitze sehr gut und bleiben lange heiß.

Durchaus gibt es auf dem Markt aber inzwischen auch Pizzasteine aus Keramik und Schamotte. Diese bringen ebenso einige Pluspunkte mit sich, dabei bringen die genannten Pizzasteine folgende Eigenschaften mit sich:

1. Pizzasteine aus Cordierit

Bei der Herstellung dieser Pizzasteine dient Keramik als Rohstoff. Der Vorteil bei diesem Material ist, dass der Stein nur eine kurze Aufheizzeit mitbringt. Zum Teil sind solche Pizzasteine außerdem emailliert, allerdings haben Pizzasteine aus Cordierit ihren Preis.

2. Pizzasteine aus Schamotte

Hergestellt werden Pizzasteine aus Schamotte aus Quarzsand. Hierbei handelt es sich um ein recht preiswertes Material, allerdings benötigt ein solcher Pizzastein auch etwas länger, um sich richtig aufzuheizen.

3. Pizzasteine aus Speckstein

Oftmals werden Pizzasteine aus Speckstein für Steinöfen verwendet. Die Hitzeabgabe dieser Steine ist gleichmäßig. Zumal diese die Wärme besonders lange halten können. Auch hier ist die Anschaffung allerdings recht kostspielig.

4. Pizzasteine aus Keramik

Bei Keramik-Pizzasteinen handelt es sich um ein enorm leichtes Material. Zudem heizen diese Steine sich zügig auf, allerdings verlieren sie ihre Wärme auch recht schnell wieder. Hinzu kommt, dass auch diese Pizzasteine nicht ganz billig in der Anschaffung sind.

5. Pizzasteine aus Naturstein

Ein weiteres, äußerst angesagtes Material bei Pizzasteinen ist Naturstein. Vor allem der Umwelt zuliebe wählen viele allzu gerne dieses hochwertige Material. Zumal das Geschmacksergebnis hier als unvergleichbar gilt. So verfügt Naturstein über recht große Poren, so dass die überschüssige Feuchtigkeit problemlos aufgenommen werden kann. Weiche oder gar wässrige Pizzen gehören damit der Vergangenheit an. Hinzu kommt, dass Naturstein ein enorm guter Wärmespeicher ist, der hilft, Energie zu sparen. Feuerfest, aber dennoch natürlich handelt es sich bei diesem Material um einen völlig unbelasteten Rohstoff, der nicht nur frei von schadhaften Substanzen ist, sondern auch von anderen Beschichtungen.

Neben dem Material sollte Sie beim Kauf aber ebenfalls auf die Form des Pizzasteins achten. Im Handel finden sich keineswegs nur runde Pizzasteine, sondern auch eckige, welche universell verwendbar sind. Vor allem runde Steine dieser Art eignen sich besonders gut für den hauseigenen Backofen. Zumal diese ebenso gut auf dem Grill zum Einsatz kommen können.

Durchaus bringen aber auch viereckige Pizzasteine so ihre Pluspunkte mit. So lassen sich hier in entsprechender Größe schnell und einfach leckere Familienpizzen zubereiten, was besonders bei mehreren Personen im Haushalt vorteilhaft sein kann, denn auf diese Weise muss niemand auf sein Stück Pizza warten.

Wer mit dem Gedanken spielt, einen Pizzastein anzuschaffen, sollte beim Kauf allerdings auch auf die Dicke des Steins achten, denn diese bestimmt, wie viel Wärme gespeichert werden kann. Je dicker ein Pizzastein allerdings ist, desto schwerer ist dieser auch. So gibt es im Handel Pizzasteine, die zwischen 1,5 und 8 Kilogramm wiegen.

WISSENSWERTES RUND UM DEN PIZZASTEIN

Wer noch nie eine Pizza, ein Fladenbrot oder Ähnliches auf einem solchen Stein zubereitet hat, befürchtet oftmals, dass die „Mafiatorte" hier nur allzu schnell vom Pizzastein rutschen könnte. Es ist sinnvoll, den Stein vorab etwas mit Mehl zu bestäuben, denn auf diese Weise können Sie sicher sein, dass die Pizza nicht am Stein haften bleibt. Zudem ist es eine große Hilfe, die fertig belegte Pizza mittels einer Holzschaufel auf den Stein zu legen. Keineswegs sollten Sie Backpapier auf den Pizzastein legen, denn so gehen die vorteilhaften Eigenschaften des Steins verloren.

Viele machen es so, dass sie den Pizzateig ausrollen und diesen dann sofort auf den Pizzastein legen. Anschließend backen sie den Teig circa zwei Minuten vor und belegen den Boden dann erst mit verschiedenen Zutaten, um ihn dann erneut fünf weitere Minuten zu backen. Wer sich hier einen saftigen Belag wünscht, sollte außerdem den Käse unter diesen platzieren und ihn nicht, wie so viele es machen, auf den Belag Geben. Ist die Pizza dann fertig gebacken, können Sie diese problemlos vom Stein lösen.

PIZZA GRILLEN

Ein weiterer Vorteil des Pizzasteins ist, dass man diesen nicht zwingend im Backofen nutzen muss, denn ebenso besteht die Möglichkeit, den Stein auf dem Grill zum Einsatz zu bringen. Schließlich ist das gute Stück ja feuerfest, so dass die Pizza an lauen Sommerabenden ebenso draußen auf dem Grill zubereitet werden kann. Es ist sogar möglich, den Pizzastein einfach auf der Holzkohle zu platzieren, wenn gerade kein Rost zur Verfügung steht. Lediglich ein Deckel muss hier allerdings am Grill zugegen sein, denn ansonsten funktioniert das Ganze nicht.

Wichtig ist zudem, dass der Pizzastein im Vorfeld nicht zu schnell und zu heiß vorgeheizt wird, denn ansonsten kann es passieren, dass der Stein Risse bekommt. Vor allem, wenn Sie den Stein auf dem Grill nutzen möchten, empfiehlt es sich, diesen vorab im Backofen aufzuheizen und ihn erst dann in die Glut oder auf den Rost des Grills zu legen.

PIZZASTEINE RICHTIG REINIGEN

Natürlich müssen Sie auch einen Pizzastein nach der Nutzung reinigen, denn Rückstände müssen entfernt werden. Auch hier müssen Sie nicht befürchten, mit stundenlangem Schrubben beschäftigt zu sein, denn in der Regel lässt sich ein Pizzastein sogar problemlos mit einem trockenen Tuch säubern. Sollten sich doch mal hartnäckige Verunreinigungen auf dem Stein zeigen, kann hier eine Spülbürste oder auch ein Ceranfeldschaber helfen. Wer hingegen über einen Backofen mit einer Pyrolysefunktion verfügt, kann auch diese zu seinem Vorteil nutzen. Einfach den Pizzastein in den

Ofen legen. Bei hohen Temperaturen können anschließend alle Verschmutzungen leicht beseitigt werden.

In der Spülmaschine hat ein Pizzastein dagegen nichts verloren, denn Reinigungsmittel kann dieser Stein gar nicht gut vertragen. Lediglich klares Wasser darf hier zum Einsatz kommen, denn ein Pizzastein ist nun einmal ein reines Naturprodukt. Zeigen sich demnach mit der Zeit Verfärbungen, ist dies völlig normal.

TIPPS & TRICKS

Auf einem Pizzastein können Sie nicht nur allein leckere Pizzen zubereiten, denn ebenso ist es möglich, Fladenbrot, Flammkuchen, Pita, Quiche und Co. auf diesem zu backen. Zumal einem kleinen Experiment natürlich auch nichts im Wege steht. Lediglich das Backen von Brot sowie Brötchen ist auf dem Pizzastein keine so gute Idee, denn in diesem Fall benötigt man schließlich eine feuchte Hitze.

5 Tipps zur richtigen Nutzung eines Pizzasteins

1. Den Pizzastein stets vorheizen

Ganz egal, für welchen Pizzastein Sie sich entschieden haben, ein jeder muss vor Gebrauch vorgeheizt werden. Wie lange dieser hingegen vorgeheizt werden muss, hängt stets vom Material ab. In der Regel reicht es allerdings meist völlig aus, den Pizzastein eine halbe Stunde vorab mit der nötigen Wärme zu versehen. Am besten nutzen Sie dafür Ihren Backofen bei einer Temperatur zwischen 220 und 250 Grad Celsius Ober-/Unterhitze. Auf keinen Fall sollten Sie den Pizzastein mit Heißluft vorheizen, denn dies führt dazu, dass sich der Stein nicht gleichmäßig aufheizen kann.

2. Vorheizen stets auf dem Rost

Beim Vorheizen des Pizzasteins sollten Sie stets den Rost nutzen. Dies gilt ebenfalls für den Grill. Wobei der Pizzastein hier allerdings nur zehn Minuten aufgeheizt werden muss und nicht eine halbe Stunde, wie im Ofen. Schließlich erzeugt ein Grill doch eine weitaus größere Hitze als ein Backofen. Zumal der Pizzastein immer in den kalten Ofen bzw. auf den kalten Grill gelegt werden sollte, so dass dieser sich langsam erwärmen kann. Zu schnelle Temperaturunterschiede können dafür sorgen, dass der Pizzastein springt.

3. Kein Backpapier auf den Stein legen

Legen Sie niemals Backpapier auf den Pizzastein, denn dieses setzt die Funktion des Steins außer Kraft. So blockiert das Papier dann die Saugfähigkeit der Poren.

4. Holzheber als Zusatzutensil

Es lohnt sich, beim Kauf eines Pizzasteins auch gleich einen Holzheber anzuschaffen, denn mit Hilfe eines solchen ist es weitaus einfacher, die Pizza vom Pizzastein zu nehmen, ohne dass dieser Schaden nimmt.

5. Richtig reinigen

Wer lange Zeit Freude an seinem Pizzastein haben möchte, sollte diesen stets ohne Reinigungsmittel säubern. Mittels einer weichen Spülbürste und klarem Wasser ist es in der Regel recht leicht, das gute Stück von Verschmutzungen zu befreien.

Snacks & Fingerfood

PIZZASCHNECKEN MIT SCHINKEN

10 Port. 30 Min. Einfach

Zutaten

2 Päckchen Blätterteig (frisch)
250 g Kochschinken
1 Zwiebel
200 g Gouda (gerieben)
1 Becher Schmand
Pfeffer
Salz

Nährwerte p. P.

288 kcal
15 g Kohlenhydrate
19 g Fett
12 g Eiweiß

1 Im Vorfeld den Pizzastein bei 220 Grad Celsius Ober-/Unterhitze aufheizen.

2 Anschließend die Zwiebel aus ihrer Schale lösen und diese in feine Würfel teilen. Den Kochschinken in dieselbe Form bringen.

3 Jetzt den Schmand mit dem geriebenen Gouda verrühren und den Mix mit Pfeffer sowie Salz geschmacklich verfeinern.

4 Danach den Blätterteig ausrollen, mit dem Schmand-Gouda-Gemisch bestreichen und mit den Schinken- sowie Zwiebelwürfeln bestreuen.

5 Nun den Blätterteig aufrollen und kleine Stücke von der Rolle schneiden.

6 Die Pizzaschnecken auf den Pizzastein legen, den Ofen auf 200 Grad Celsius herunterdrehen und die Pizzaschnecken circa 20 Minuten backen.

KÄSE-PIZZASTANGEN

10 Port. 30 Min. Einfach

Zutaten

1 Päckchen Blätterteig (TK)
1 Eigelb
100 g Gouda (gerieben)
1 Esslöffel Milch
1 Teelöffel Tomatenmark
1 Prise Salz
Etwas Oregano (getrocknet)

Nährwerte p. P.

137 kcal
10 g Kohlenhydrate
9 g Fett
4 g Eiweiß

1 Zuerst den Pizzastein im Ofen bei 200 Grad Celsius Ober-/Unterhitze aufheizen.

2 Danach das Eigelb mit dem Tomatenmark, der Milch, der Prise Salz sowie etwas getrocknetem Oregano verrühren.

3 Diesen Mix auf die Hälfte der Blätterteigplatten verteilen und mit dem geriebenen Gouda bestreuen.

4 Jetzt die übrig gebliebenen Platten auf die belegten Platten legen und diese fest andrücken.

5 Im Anschluss die Blätterteigplatten in einen Zentimeter breite Streifen teilen und diese spiralförmig eindrehen.

6 Zum Schluss die Pizzastangen auf den Pizzastein legen und diese ungefähr zwölf Minuten im Backofen goldbraun garen.

KLASSISCHES PIZZABROT

4 Port. | 145 Min. | Einfach

Zutaten

20 g Hefe (frisch)
500 g Weizenmehl
2 Esslöffel Olivenöl
1 Teelöffel Salz

Nährwerte p. P.

487 kcal
70 g Kohlenhydrate
6 g Fett
9 g Eiweiß

1 Sämtliche Zutaten in eine Schüssel geben und das Ganze ordentlich zu einem glatten Teig verkneten.

2 Danach den Teig in vier gleichgroße Portionen teilen und daraus vier Fladen formen.

3 Diese anschließend gut zwei Stunden bei Zimmertemperatur gehen lassen.

4 Jetzt den Pizzastein im Backofen bei 200 Grad Celsius Ober-/Unterhitze aufheizen.

5 Zum Schluss die Fladen darauflegen und diese circa 15 Minuten im Ofen backen.

EINFACHE PIZZABRÖTCHEN

4 Port. | 150 Min. | Einfach

Zutaten

150 ml Wasser (lauwarm)
250 g Weizenmehl
3 Esslöffel Milch
Einen halben Würfel Hefe (frisch)
2 Esslöffel Olivenöl
1 Prise Salz
Einen halben Teelöffel Zucker

Nährwerte p. P.

285 kcal
45 g Kohlenhydrate
8 g Fett
7 g Eiweiß

1 Zuerst den Zucker mit der Hefe in 120 Milliliter lauwarmes Wasser geben, umrühren und die Lösung zugedeckt circa fünf Minuten stehen lassen.

2 Jetzt das Weizenmehl in eine Schüssel füllen, in der Mitte eine Mulde ins Mehl drücken und hier die Milch sowie das Olivenöl einfüllen. Das Ganze mit ein wenig Mehl vom Rand bestäuben.

3 Anschließend die Hefelösung zugeben und alles grob vermischen.

4 Danach das Salz sowie das übrige Wasser zum Mehl-Mix geben und alles in einen glatten Teig verwandeln.

5 Das Ganze gilt es dann, zugedeckt bei Zimmertemperatur ungefähr zwei Stunden ruhen zu lassen.

6 Kurz vor Ende der Ruhezeit kann der Pizzastein im Backofen bei 200 Grad Celsius Ober-/Unterhitze aufgeheizt werden.

7 Nun den Teig noch einmal gut durchkneten und aus diesem kleine Pizzabrötchen schneiden.

8 Diese auf den Pizzastein legen und bei 200 Grad Celsius ungefähr zehn Minuten backen.

MINI-CALZONE

10 Port. 30 Min. Einfach

Zutaten

120 g Mozzarella (gerieben)
1 Ei
4 Esslöffel Pizzasoße (küchenfertig)
100 g Salami-Sticks
100 g Kochschinken
120 g Champignons (frisch)
1 Pizzateig (backfertig)

Nährwerte p. P.

439 kcal
36 g Kohlenhydrate
22 g Fett
22 g Eiweiß

1 Zuerst die Champignons säubern und diese in dünne Scheiben teilen.

2 Gleiches mit den Salami-Sticks vornehmen. Den Kochschinken hingegen in kleine Würfel verwandeln.

3 Jetzt das Eiweiß vom Eigelb trennen.

4 Danach den backfertigen Pizzateig ausrollen und mit einem Glas runde Teigteilchen ausstechen.

5 Mittig auf den kleinen Teilchen nun einen Klecks Pizzasoße verteilen. Darauf achten, dass ein kleiner Rand frei bleibt.

6 Auf die eine Hälfte der Teigkreise nun die Salami, die Champignons und den Kochschinken legen. Alles mit dem geriebenen Mozzarella bestreuen und das Ganze zuklappen.

7 Jetzt den Pizzastein im Ofen bei 200 Grad Celsius Ober-/Unterhitze erwärmen.

8 Die Ränder der Mini-Calzone mit Hilfe einer Gabel zudrücken und mit dem Eigelb bestreichen.

9 Zu guter Letzt die Mini-Calzone auf den Pizzastein legen und diese zwischen acht und zehn Minuten goldbraun backen.

PIZZA-TOAST

4 Port. 30 Min. Einfach

Zutaten

100 g Mozzarella
1 Esslöffel Olivenöl
4 Scheiben Toast
100 g Champignons
200 g passierte Tomaten
4 Scheiben Kochschinken
1 Zwiebel
1 Esslöffel Butter
1 Esslöffel Tomatenmark
1 Prise Zucker
Pfeffer
Salz

Nährwerte p. P.

221 kcal
16 g Kohlenhydrate
12 g Fett
12 g Eiweiß

1 Von der Zwiebel die Schale entfernen und diese in feine Würfel zerteilen.

2 Jetzt das Olivenöl in einer Pfanne erhitzen und hier die Zwiebelwürfel dünsten.

3 Danach die passierten Tomaten zugeben, mit dem Tomatenmark verrühren und mit dem Zucker, Pfeffer sowie Salz verfeinern.

4 Nun den Mozzarella sowie den Kochschinken in kleine Würfel teilen.

5 Die Champignons säubern und in Scheiben verwandeln.

6 Anschließend die Butter in einer Bratpfanne heiß werden lassen und hier die Toastscheiben goldbraun anbraten.

7 Diese dann mit der Tomatensoße versehen und mit dem Schinken, den Champignons sowie dem Mozzarella belegen.

8 Den Pizzastein bei 200 Grad Celsius im Ofen aufheizen.

9 Hier die Pizzatoasts auflegen und diese gute acht Minuten im Ofen backen.

ZIEGENKÄSE-SALBEI-BLÄTTERTEIGTASCHEN

10 Port. 30 Min. Einfach

Zutaten

150 g Blätterteig (TK)
80 g Ziegenkäse
1 Eigelb
150 g Cocktailtomaten
1 Bund Salbei

Nährwerte p. P.

92 kcal
16 g Kohlenhydrate
6 g Fett
4 g Eiweiß

1 Den Blätterteig auslegen, ausrollen und dann in gleichgroße Vierecke teilen.

2 Die Cocktailtomaten abbrausen, das Grün entfernen und in Viertel schneiden.

3 Den Ziegenkäse hingegen in Scheiben verwandeln.

4 Jetzt die Tomatenviertel auf die Ziegenkäsescheiben legen und das Ganze auf die Blätterteigvierecke platzieren.

5 Den Salbei kurz abwaschen, trocken schütteln und über die Tomatenviertel legen.

6 Jetzt die Blätterteigtaschen schließen, mit dem Eigelb bepinseln und zu drücken.

7 Den Pizzastein im Ofen bei 200 Grad Celsius Ober-/Unterhitze erwärmen. Dann die Blätterteigtaschen darauflegen und diese für acht Minuten in den Ofen geben.

SALAMI-KÄSE-BLÄTTERTEIGROLLEN

10 Port. 30 Min. Einfach

Zutaten

150 g Gouda (Scheiben)
150 g Blätterteig (TK)
150 g Salami (Scheiben)
1 Eigelb

Nährwerte p. P.

392 kcal
15 g Kohlenhydrate
31 g Fett
21 g Eiweiß

1 Vorab den Pizzastein bei 200 Grad Celsius Ober-/Unterhitze erwärmen.

2 Den Blätterteig auftauen, ausrollen und in gleichgroße Quadrate teilen.

3 Jetzt den Gouda in Scheiben auf die Blätterteig-Quadrate legen. Darauf die Salami geben und den Blätterteig zusammenrollen.

4 Die Enden zudrücken und die Blätterteigrollen mit dem Eigelb bepinseln.

5 Jetzt die Teigrollen auf den Pizzastein legen und diese ungefähr acht Minuten im Ofen backen.

PANZEROTTI MIT PESTO UND MOZZARELLA

10 Port. | 100 Min. | Mittel

Zutaten

500 g Weizenmehl
300 ml Wasser (lauwarm)
2 Esslöffel Olivenöl
Einen halben Teelöffel Zucker
21 g Hefe (frisch)
1 Prise Salz
Ein halbes Glas Pesto (rot)
125 g Mozzarella

Nährwerte p. P.

277 kcal
35 g Kohlenhydrate
11 g Fett
8 g Eiweiß

1 Den Mozzarella in kleine Würfel teilen.

2 Jetzt das Weizenmehl in eine Schüssel geben und mittig eine Kuhle ins Mehl drücken.

3 Den Zucker und die Hefe mit dem lauwarmen Wasser mischen und das Ganze zehn Minuten ziehen lassen.

4 Die Hefelösung dann in die Kuhle gießen und alles gut mischen.

5 Danach das Salz sowie das Olivenöl zugeben und den Teig erneut gut durchkneten.

6 Anschließend aus dem Teig mehrere kleinere Kugeln formen, diese abdecken und eineinhalb Stunden an einem warmen Ort ruhen lassen.

7 Jetzt den Pizzastein im Ofen bei 220 Grad Celsius Ober-/Unterhitze aufheizen.

8 Die Mozzarella-Würfel mit dem roten Pesto mischen. Dann die Teigkugeln flach drücken, ein bis zwei Esslöffel der Mozzarella-Pesto-Mischung auf diese geben und die Fladen zuklappen. Die Ränder gut festdrücken.

9 Zum Schluss die Panzerotti auf den Pizzastein legen und vier bis sechs Minuten backen.

PAPRIKA-SCHINKEN-WEISSBROTSNACK

8 Port. 30 Min. Einfach

Zutaten

500 g Kochschinken
3 Paprika (rot)
1 Knoblauchzehe
500 g Salami
2 Becher Sauerrahm
Eine halbe Zwiebel
200 Gouda (gerieben)
8 Scheiben Weißbrot
1 Schuss Maggi
1 Prise Basilikum
Etwas Chilipulver
Etwas Oregano
Pfeffer
Salz

Nährwerte p. P.

224 kcal
11 g Kohlenhydrate
28 g Fett
36 g Eiweiß

1 Die Paprika von ihren Kernen befreien und in Würfel zerteilen. Dann die Zwiebel sowie die Knoblauchzehe ohne Schale in dieselbe Form bringen. Auch die Salami und den Kochschinken fein würfeln.

2 Die gewürfelten Zutaten anschließend mit dem Sauerrahm mischen und mit den genannten Kräutern sowie Gewürzen verfeinern.

3 Jetzt den Pizzastein bei 200 Grad Celsius Ober-/Unterhitze in den Ofen legen und aufheizen.

4 Im Anschluss den Sauerrahm-Mix auf die Weißbrotscheiben verteilen, diese mit dem Gouda bestreuen und auf den Pizzastein legen.

5 Das Ganze dann zwischen drei und fünf Minuten im Ofen backen.

Pizza mal anders!

BARBECUE-PIZZA MIT PULLED-PORK

4 Port. 90 Min. Einfach

Zutaten

500 g Weizenmehl
10 g Schweineschmalz
150 ml Bier
1 Päckchen Trockenhefe
1 Esslöffel Olivenöl
Pfeffer
Salz

Belag:
3 Lauchzwiebeln
1 Zwiebel (rot)
250 g Cherry-Tomaten
500 g Pulled Pork
250 g Gouda (gerieben)

Sauce:
4 Esslöffel Barbecue-Soße
4 Esslöffel Crème fraîche

Nährwerte p. P.

925 kcal
98 g Kohlenhydrate
33 g Fett
56 g Eiweiß

1 Im Vorfeld den Pizzastein bei 240 Grad Celsius Ober-/Unterhitze in den Backofen geben.

2 Jetzt das Weizenmehl mit dem Schweineschmalz, dem Olivenöl, dem Bier, der Trockenhefe, dem Pfeffer sowie dem Salz verrühren, bis ein glatter Pizzateig entsteht.

3 Diesen anschließend zugedeckt bei Zimmertemperatur circa eine Stunde ruhen lassen.

4 Währenddessen die Zwiebel sowie die Lauchzwiebeln in feine Streifen teilen. Die Cherry-Tomaten lediglich in Hälften schneiden. Danach die Barbecue-Soße mit der Crème fraîche verrühren.

5 Nach der Ruhezeit den Pizzateig in vier gleichgroße Portionen teilen und dünn ausrollen.

6 Jeden Pizzaboden erst mit der Soße bestreichen und dann mit dem Pulled Pork, den Zwiebeln, den Tomaten sowie den Lauchzwiebeln belegen.

7 Jetzt noch den geriebenen Gouda auf die Pizzen streuen und diese auf den vorgeheizten Pizzastein legen.

8 Zum Schluss die Pizzen zwischen fünf und sieben Minuten im Ofen backen.

BBQ-AMERICANO-PIZZA

4 Port. 140 Min. Mittel

Zutaten

400 g Dinkelmehl
12,5 g Hefe (frisch)
2 Esslöffel Olivenöl
10 g Salz
1 Prise Zucker
250 ml Wasser (lauwarm)

Pizzasauce:
375 ml Tomatenketchup
Eine halbe Zwiebel
1 Esslöffel Senf
50 ml Balsamico-Essig
Etwas Tabasco
50 g Zucker (braun)
Pfeffer
Salz

Belag:
50 g Mais
60 g Hähnchenbrustfilets
Eine halbe Paprika (rot)
80 g Cheddar (gerieben)
Pfeffer
Salz

Nährwerte p. P.

741 kcal
117 g Kohlenhydrate
19 g Fett
22 g Eiweiß

1 Das Dinkelmehl mit der Hefe, dem Wasser sowie dem Olivenöl mit dem Handmixer verrühren. Danach das Salz sowie den Zucker zugeben und alles erneut mischen.

2 Jetzt den Teig einmal per Hand ordentlich durchkneten und dann in drei gleichgroße Portionen teilen.

3 Die Teige mit etwas Olivenöl bestreichen, abdecken und bei Zimmertemperatur gut zwei Stunden ruhen lassen.

4 In der Zwischenzeit die Zwiebel ohne Schale fein zerhacken und mit dem Tomatenketchup, dem Senf, dem Balsamico-Essig, dem Zucker sowie etwas Tabasco verrühren.

5 Das Ganze dann einmal aufkochen und mit Salz sowie Pfeffer verfeinern. Danach die Sauce weitere 30 Minuten köcheln lassen. Danach den Pizzastein schon einmal bei 240 Grad Celsius Ober-/Unterhitze im Ofen aufheizen.

6 Im Anschluss das Hähnchenbrustfilet in kleine Stückchen teilen, mit Pfeffer sowie Salz verfeinern und in einer Pfanne anbraten. Die Paprika hingegen in feine Streifen verwandeln.

7 Nun aus den drei Teigkugeln dünne Fladen kreieren und auf diesen die Barbecue-Sauce verteilen.

8 Auf die Sauce dann die Paprikastreifen, das Hähnchenfleisch sowie den Cheddarkäse geben. Die Pizzen auf den Pizzastein legen und diese vier bis sechs Minuten im Ofen backen.

PIZZA-THUNFISCH MIT BOLOGNESE-SAUCE

4 Port. | 150 Min. | Mittel

Zutaten

400 g Weizenmehl
10 g Salz
3 Esslöffel Olivenöl
250 ml Wasser (lauwarm)
12,5 g Hefe (frisch)

Pizzasauce:
40 g Möhre
250 g Hack (Rind)
1 Zwiebel
125 g Pancetta
40 g Stangensellerie
1 Dose Tomaten (gewürfelt)
100 ml Gemüsebrühe
100 ml Rotwein (trocken)
100 ml Vollmilch
1 Esslöffel Butter
Pfeffer
Salz

Belag:
1 Dose Thunfisch
(im eigenen Saft)
Eine halbe Zwiebel (rot)
80 g Mozzarella (gerieben)

Nährwerte p. P.

764 kcal
82 g Kohlenhydrate
32 g Fett
31 g Eiweiß

1 Das Weizenmehl mit dem lauwarmen Wasser sowie der Hefe ausgiebig verrühren. Danach zwei Esslöffel Olivenöl und das Salz zugeben und alles erneut mischen. Jetzt den Teig einmal ordentlich per Hand durchkneten und in drei Portionen aufteilen.

2 Jedes Teigstück zu einer Kugel formen, mit dem übrigen Olivenöl bestreichen, abdecken und zwei Stunden ruhen lassen.

3 Währenddessen die Zwiebel, die Möhre, den Stangensellerie sowie den Pancetta in ganz feine Würfel zerteilen. Diese dann mit der Butter in einer Pfanne anbraten.

4 Nach gut fünf Minuten das Hack zugeben und dieses krümelig anbraten. Danach das Ganze mit dem Rotwein löschen.

5 Jetzt noch die Dosentomaten sowie die Gemüsebrühe zugeben, mit Pfeffer sowie Salz abschmecken und alles eine Stunde köcheln lassen. Kurz vor Ende der Garzeit die Milch zugießen.

6 Jetzt noch die halbe rote Zwiebel in feine Ringe verwandeln und den Thunfisch abgießen. Den Pizzastein bei 240 Grad Celsius in den Ofen legen.

7 Im Anschluss den Pizzateig noch einmal kurz durchkneten und dann dünn ausrollen. Auf den Teig erst die Bolognese-Sauce verteilen, dann den Thunfisch darauf geben, mit Mozzarella bestreuen und mit den Zwiebelscheiben verfeinern.

8 Zu guter Letzt die Pizzen auf den Pizzastein legen und vier bis sechs Minuten im Ofen backen.

THUNFISCH-SARDELLEN-PIZZA

4 Port. 150 Min. Mittel

Zutaten

400 g Weizenmehl
1 Würfel Hefe (frisch)
150 ml Wasser (lauwarm)
2 Esslöffel Kräuter der Provence (getrocknet)
1 Esslöffel Olivenöl
2 Prisen Salz
1 Prise Zucker

Pizzasauce:
1 Zwiebel
1 Dose Tomaten (Stücke)
1 Knoblauchzehe
2 Teelöffel italienische Kräuter
1 Esslöffel Olivenöl
1 Prise Zucker
Pfeffer
Salz

Belag:
2 Dosen Thunfisch (in Öl)
12 Sardellen
300 g Mozzarella (gerieben)
1 Paprika (rot)
Einen halben Teelöffel Oregano (getrocknet)
Einen halben Teelöffel Basilikum (getrocknet)
Einen halben Teelöffel Thymian (getrocknet)
Pfeffer
Salz

Nährwerte p. P.

737 kcal
85 g Kohlenhydrate
26 g Fett
38 g Eiweiß

1 Das lauwarme Wasser in einen Messbecher füllen. Hier die frische Hefe hineinbröseln und dann mit dem Olivenöl, dem Salz sowie dem Zucker verrühren. Das Gemisch dann eine Viertelstunde ruhen lassen.

2 Danach die Hefelösung mit dem Weizenmehl und den Kräutern der Provence mischen und das Ganze ordentlich durchkneten. Anschließend den Teig abdecken und 50 Minuten an einem warmen Platz gehen lassen.

3 Währenddessen die Knoblauchzehe und die Zwiebel aus der Schale lösen und beides in feine Stückchen teilen.

4 Sowohl die Zwiebel- als auch die Knoblauchstückchen dann in der Pfanne mit einem Esslöffel Olivenöl anbraten.

5 Das Ganze dann mit den Dosentomaten löschen und anschließend pürieren. Die Sauce jetzt mit den italienischen Kräutern, dem Pfeffer, dem Salz sowie der Prise Zucker abschmecken.

6 Jetzt den Pizzastein bei 220 Grad Celsius Ober-/Unterhitze aufheizen. Dann die Paprika säubern und in Würfel zerteilen. Im Anschluss den Pizzateig noch einmal durchkneten, ausrollen und mit der Tomatensauce bestreichen.

7 Dann den Thunfisch sowie die Sardellen abtropfen lassen und diese mit den Paprikawürfeln auf die Pizza legen. Das Ganze mit dem Mozzarella bestreuen und mit den Kräutern sowie Pfeffer und Salz verfeinern.

8 Zum Schluss die Pizzen auf den Pizzastein legen und diese bei 200 Grad Celsius Ober-/Unterhitze circa acht Minuten backen.

SCHARFE PIZZA-MEXICANO

4 Port. 50 Min. Einfach

Zutaten

600 g Weizenmehl
400 g Magerquark
2 Teelöffel Kräuter der Provence (getrocknet)
8 Esslöffel Olivenöl
2 Teelöffel Backpulver
2 Prise Salz

Pizzasauce:
2 Esslöffel Ajvar (scharf)
1 Dose Tomaten (Stücke)
2 Knoblauchzehen
1 Esslöffel Olivenöl
2 Teelöffel Kräuter der Provence
Pfeffer
Salz

Belag:
600 g Hack (gemischt)
500 g Kidney-Bohnen (Dose)
570 g Mais (Dose)
1 Paprika (rot)
400 g Gouda (gerieben)
1 Teelöffel mexikanische Gewürzmischung
Pfeffer
Salz

Nährwerte p. P.

1827 kcal
158 g Kohlenhydrate
86 g Fett
92 g Eiweiß

1 Den Magerquark mit dem Olivenöl mischen. Jetzt das Weizenmehl mit dem Backpulver, dem Salz sowie den getrockneten Kräutern vermengen und diesen Mix in den Magerquark rühren. Danach aus dem Quarkteig zwei Pizzen formen.

2 Nun die Dosentomaten mit dem Ajvar sowie den Kräutern mischen. Die Knoblauchzehen ohne Schale fein zerhacken und ebenfalls zum Tomaten-Mix geben. Alles mit Pfeffer sowie Salz verfeinern.

3 Nun den Pizzastein in den Ofen legen und diesen bei 220 Grad Celsius Ober-/Unterhitze aufheizen.

4 Währenddessen das gemischte Hackfleisch mit der mexikanischen Gewürzmischung, Pfeffer sowie Salz verfeinern und in der Pfanne knusprig anbraten.

5 Den Mais sowie die Kidneybohnen abtropfen lassen und die Paprika ohne Stiel und Kerne in kleine Würfel teilen.

6 Danach die Pizzaböden erst mit der Sauce bestreichen, dann mit dem gemischten Hack sowie dem Mais, den Kidneybohnen sowie den Paprikawürfeln belegen. Zum Schluss den geriebenen Gouda über das Ganze geben und die Pizzen mit Pfeffer und Salz bestreuen.

7 Zu guter Letzt die Pizzen auf den Pizzastein legen und diese bei 200 Grad Celsius circa acht Minuten lang im Ofen backen.

ARTISCHOCKEN-CHAMPIGNON-PIZZA

4 Port. 100 Min. Mittel

Zutaten

400 g Reismehl
150 ml Wasser (lauwarm)
2 Esslöffel Olivenöl
1 Würfel Hefe
1 Prise Salz
1 Prise Zucker

Pizzasauce:
400 g Dosen Tomaten (Stücke)
200 g Tomatenmark
3 Esslöffel Olivenöl
2 Zwiebeln (rot)
1 Knoblauchzehe
1 Esslöffel Zucker
1 Bund Basilikum (frisch)
2 Teelöffel italienische Kräuter (getrocknet)
1 Schuss Weißwein (trocken)
Pfeffer
Salz

Belag:
100 g Kochschinken
200 g Artischockenherzen (eingelegt)
200 g Champignons
300 g Gouda (gerieben)
250 g Kirschtomaten

Nährwerte p. P.

911 kcal
100 g Kohlenhydrate
41 g Fett
31 g Eiweiß

1 Zuerst das lauwarme Wasser in einen Messbecher füllen. Hier die Hefe hineinbröckeln und das Ganze dann mit zwei Esslöffeln Olivenöl, einer Prise Zucker sowie Salz verrühren. Anschließend die Mischung eine Viertelstunde stehen lassen.

2 Danach das Reismehl mit der Hefelösung verrühren. Den Teig dann abdecken und 50 Minuten an einem warmen Ort ruhen lassen.

3 In der Zwischenzeit von der Zwiebel und der Knoblauchzehe die Schale lösen und beides in feine Würfel zerteilen.

4 Die Knoblauch- sowie Zwiebelwürfel dann in drei Esslöffel Olivenöl dünsten. Nach fünf Minuten das Tomatenmark einrühren.

5 Anschließend die Dosentomaten und einen Schuss Weißwein zugießen. Alles gut verrühren und mit den genannten Kräutern sowie Gewürzen verfeinern. Eine halbe Stunde muss die Sauce jetzt köcheln.

6 Im Anschluss den Pizzastein bei 220 Grad Celsius Ober-/Unterhitze in den Ofen legen.

7 Währenddessen die Champignons säubern und in Scheiben verwandeln. Die Kirschtomaten sowie den Kochschinken in dieselbe Form bringen. Dann die eingelegten Artischockenherzen abtropfen lassen.

8 Nun den Pizzateig ausrollen, mit der italienischen Sauce bestreichen, dem Gemüse und dem Kochschinken belegen und mit dem Gouda bestreuen. Das Ganze mit etwas Pfeffer sowie Salz verfeinern.

9 Zu guter Letzt die Pizzen auf den Pizzastein legen und diesen für acht Minuten bei 200 Grad Celsius in den Backofen geben.

FRÜHSTÜCKSPIZZA

4 Port. 50 Min. Einfach

Zutaten

400 g Kichererbsen-Mehl
1 Prise Salz
1 Esslöffel Kräuter der Provence
1 Teelöffel Kokosnussöl
Wasser

Tomatensauce:
400 g Dosentomaten (Stücke)
1 Zwiebel
2 Teelöffel italienische Kräuter
1 Knoblauchzehe
1 Esslöffel Olivenöl
1 Prise Zucker
Pfeffer
Salz

Belag:
4 Scheiben Speck
8 Eier
Einen halben Esslöffel Olivenöl
Ein halbes Bund Schnittlauch (frisch)
400 g Mozzarella (gerieben)
Salz
Pfeffer

Nährwerte p. P.

987 kcal
72 g Kohlenhydrate
49 g Fett
59 g Eiweiß

1 Zuerst das Kichererbsen-Mehl mit den Kräutern sowie dem Salz vermengen.

2 Jetzt das Kokosnussöl zugeben. Danach so viel Wasser zugießen, bis das Ganze ein geschmeidiger Teig wird.

3 Die Knoblauchzehe sowie die Zwiebel ohne Schale fein zerhacken und dann in einem Esslöffel Olivenöl anbraten.

4 Danach das Ganze mit den Dosentomaten ablöschen und fein pürieren.

5 Jetzt die italienischen Kräuter, die Prise Zucker sowie Pfeffer und Salz zugeben und die Tomatensauce zehn Minuten köcheln lassen.

6 Anschließend den Pizzastein bei 240 Grad Celsius Ober-/Unterhitze im Ofen aufheizen.

7 Dann den Pizzateig ausrollen, die Tomatensauce darauf verteilen und den geriebenen Mozzarella darüberstreuen.

8 Die Pizzen jetzt auf den Pizzastein legen und bei 200 Grad Celsius Ober-/Unterhitze acht Minuten backen.

9 In der Zwischenzeit den Speck sowie die Spiegeleier zubereiten und beides im Anschluss auf die Pizzaböden geben.

10 Den Schnittlauch fein hacken und über das Ganze streuen.

AVOCADO-PIZZA

4 Port. 10 Min. Einfach

Zutaten

400 g Weizenmehl
150 ml Wasser (lauwarm)
1 Würfel Hefe (frisch)
1 Esslöffel Olivenöl
1 Prise Zucker
2 Prisen Salz

Pizzasauce:
200 ml Olivenöl
100 g Basilikumblätter (grün)
100 g Pinienkerne
100 g Parmesankäse (am Stück)
1 Teelöffel Salz
2 Knoblauchzehen

Belag:
4 Avocados (grün und schnittfest)
2 Zweige Basilikum
1 Esslöffel Olivenöl
2 Lauchzwiebeln
Pfeffer
Salz

Nährwerte p. P.

1456 kcal
97 g Kohlenhydrate
100 g Fett
34 g Eiweiß

1 Das lauwarme Wasser in einen Messbecher geben und hier den Würfel hineinbröseln. Dann das Olivenöl, den Zucker sowie das Salz zugeben, alles umrühren und die Hefelösung eine Viertelstunde stehen lassen.

2 Anschließend die Lösung mit dem Weizenmehl mischen, alles ausgiebig verkneten und zugedeckt ungefähr 50 Minuten an einem warmen Ort gehen lassen. Währenddessen das Basilikum abbrausen und die Blätter vom Stiel nehmen.

3 Die Knoblauchzehen ohne Schale lediglich einmal teilen und den Parmesankäse in grobe Stücke verwandeln. Jetzt die Pinienkerne ohne Fett in der Pfanne rösten.

4 Danach die Basilikumblätter, 200 Milliliter Olivenöl, den Parmesankäse, die Knoblauchzehen, die Pinienkerne sowie das Salz in eine Schüssel geben und alles ordentlich pürieren. Nun den Pizzastein bei 240 Grad Ober-/Unterhitze im Ofen erwärmen.

5 Aus dem Pizzateig dann vier dünne Fladen formen. Diese mit dem grünen Pesto bestreichen und dann bei 200 Grad Celsius Ober-/Unterhitze circa acht Minuten in den Backofen schieben.

6 Währenddessen die Basilikumblätter vom Stiel nehmen. Die Avocado mittig teilen, schälen und das Fruchtfleisch in dünne Scheiben teilen. Von den Lauchzwiebeln lediglich das Grün in feine Ringe teilen.

7 Jetzt nur noch die Avocado-Scheiben fächerförmig auf den knusprigen Pizzaboden legen, die Lauchzwiebelringe sowie die Basilikumblätter darüber verteilen, mit Olivenöl beträufeln und mit Pfeffer sowie Salz bestreuen.

APPENZELLER-SCHINKEN-PIZZA

1 Port. 90 Min. Einfach

Zutaten

150 g Roggenmehl
150 g Weizenmehl
150 ml Wasser (lauwarm)
Einen halben Würfel Hefe (frisch)
1 Teelöffel Salz
1 Prise Zucker

Pizzasauce:
120 g Frischkäse
50 g Sahne
1 Esslöffel Schnittlauch (frisch)

Belag:
150 g Appenzeller Käse
150 g Schinken (roh)
3 Frühlingszwiebeln

Nährwerte p. P.

2414 kcal
223 g Kohlenhydrate
110 g Fett
124 g Eiweiß

1 Die frische Hefe in das lauwarme Wasser bröseln und den Zucker in die Hefelösung rühren. Das Gemisch anschließend circa zehn Minuten stehen lassen.

2 Jetzt das Roggen- und das Weizenmehl mit dem Salz vermengen. Hier die Hefelösung hineingießen und alles in einen glatten Pizzateig verwandeln.

3 Den Pizzastein bei 220 Grad Celsius Ober-/Unterhitze aufheizen.

4 Währenddessen den Appenzeller Käse sowie den rohen Schinken würfeln und die Frühlingszwiebeln in feine Ringe teilen.

5 Danach den Frischkäse mit der Sahne verrühren und mit dem zuvor zerhackten Schnittlauch verfeinern.

6 Anschließend den Pizzateig dünn ausrollen, mit der Frischkäse-Sauce bestreichen und mit den Schinken- sowie den Appenzeller Käse-Würfeln belegen.

7 Dann die Pizza auf den Pizzastein legen und diese fünf bis sieben Minuten lang im Ofen backen.

8 Zu guter Letzt die Frühlingszwiebelringe auf die Pizza streuen.

BIRNEN-CAMEMBERT-PIZZA

4 Port. 75 Min. Mittel

Zutaten

500 g Weizenmehl
1 Würfel Hefe (frisch)
250 ml Wasser (lauwarm)
2 Esslöffel Olivenöl
1 Teelöffel Honig
Einen halben Teelöffel Salz

Pizzasauce:
120 g Schmand

Belag:
1 Stange Porree
1 Birne
65 g Salami
200 g Camembert
Pfeffer
Salz

Nährwerte p. P.

868 kcal
97 g Kohlenhydrate
38 g Fett
31 g Eiweiß

1 Zuerst das Weizenmehl in eine Schüssel füllen und mittig ins Mehl eine Kuhle drücken.

2 Danach die Hefe in das lauwarme Wasser bröseln und hier auch gleich den Honig sowie das Olivenöl zugießen. Den Mix dann ungefähr zehn Minuten stehen lassen.

3 Im Anschluss die Hefelösung in die Mehl-Kuhle gießen und das Ganze in einen glatten Teig verwandeln.

4 Den Teig mit einem Küchentuch abdecken und zum Gehen 30 bis 40 Minuten an einer warmen Stelle platzieren.

5 Während der Teig ruht, den Pizzastein bei 250 Grad Celsius Ober-/Unterhitze in den Backofen geben. Jetzt den Teig in drei Portionen teilen und flache Pizzaböden daraus formen. Den Schmand auf die Pizza streichen.

6 Im Anschluss die Birne von der Schale befreien, das Kerngehäuse entfernen und das übrig gebliebene Fruchtfleisch vierteln sowie in schmale Spalten teilen. Diese auf die Pizzen geben.

7 Danach die Pizzen auf den Pizzastein legen und diese zwischen drei und vier Minuten backen. In der Zwischenzeit den Porree in Ringe und den Camembert in Scheiben zerteilen.

8 Zu guter Letzt die fertigen Pizzen mit den Porree-Ringen sowie den Salami- und Camembert-Scheiben belegen. Das Ganze mit Pfeffer sowie Salz bestreuen und erneut für drei bis vier Minuten in den Ofen schieben.

THUNFISCH-EI-PIZZA

4 Port. | 80 Min. | Mittel

Zutaten

300 g Dinkelvollkornmehl
200 g Weizenmehl
2 Esslöffel Olivenöl
1 Päckchen Trockenhefe
1 Teelöffel Salz
250 ml Wasser
(lauwarm)

Pizzasauce:
1 Knoblauchzehe
1 Zwiebel
1 Dose Tomaten (Stücke)
1 Teelöffel Zucker
2 Esslöffel Olivenöl
2 Esslöffel Oregano
(getrocknet)
Pfeffer
Salz

Belag:
1 Dose Thunfisch
(in eigenem Saft)
200 g Edamer (gerieben)
200 g Mozzarella
(gerieben)
1 Ei

Nährwerte p. P.

844 kcal
73 g Kohlenhydrate
42 g Fett
40 g Eiweiß

1 Das Dinkelvollkorn- sowie das Weizenmehl mit der Trockenhefe, dem Salz, dem Olivenöl und dem lauwarmen Wasser mischen.

2 Das Ganze in einen glatten Pizzateig verwandeln und dann zugedeckt an einem warmen Platz eine Stunde ruhen lassen.

3 Währenddessen die Zwiebel und die Knoblauchzehe aus der Schale nehmen und klein zerteilen.

4 Dann etwas Olivenöl in einem Topf erhitzen und hier die Zwiebel- sowie Knoblauchstücke glasig andünsten.

5 Anschließend die Dosentomaten dazugeben und das Ganze mit dem Zucker mischen. Jetzt noch das Oregano unterrühren und die Sauce ein paar Minuten köcheln lassen.

6 Jetzt den Pizzastein bei 240 Grad Celsius Ober-/Unterhitze in den Backofen geben und diesen aufheizen.

7 In der Zwischenzeit den Pizzateig in vier gleichgroße Portionen teilen und dünn ausrollen. Auf die Pizzaböden die Tomatensauce verteilen und den geriebenen Mozzarella darüberstreuen. Dann den Thunfisch darauf geben, den Edamer darüber geben und ein bisschen Olivenöl über das Ganze träufeln.

8 Zum Schluss noch das Ei über den Belag schlagen und die Pizzen dann auf dem Pizzastein für fünf bis sechs Minuten in den Ofen geben.

Vegetarische Pizza

KNOBLAUCH-CHILI-PIZZA

1 Port. 60 Min. Einfach

Zutaten

300 g Weizenmehl
1 Päckchen Trockenhefe
175 ml Wasser (lauwarm)
1 Teelöffel Salz

Belag:
8 Knoblauchzehen
5 Esslöffel Olivenöl
2 Teelöffel Oregano (getrocknet)
2 Kugeln Mozzarella
3 Chilischoten

Nährwerte p. P.

848 kcal
57 g Kohlenhydrate
31 g Fett
22 g Eiweiß

1 Die Trockenhefe in das lauwarme Wasser rühren. Anschließend das Salz zugeben und die Hefelösung mit dem Weizenmehl vermengen.

2 Danach den Teig abdecken und diesen ungefähr 30 bis 40 Minuten an einen warmen Platz stellen.

3 Jetzt den Pizzastein bei 220 Grad Celsius zum Aufheizen in den Backofen legen.

4 In der Zwischenzeit die Knoblauchzehen aus der Schale lösen und diese mit den Chilischoten, ohne Kerne, fein zerhacken.

5 Den Mozzarella abtropfen lassen und dann in Scheiben teilen.

6 Anschließend den Pizzateig noch einmal ausgiebig durchkneten und dann erneut zehn Minuten ruhen lassen.

7 Nach der Ruhezeit den Teig ausrollen, mit dem Olivenöl bepinseln und mit dem Knoblauch-Chili-Mix versehen.

8 Danach den getrockneten Oregano über die Pizza streuen und die Mozzarella-Scheiben darauf verteilen. Erneut alles mit ein wenig Olivenöl beträufeln.

9 Zu guter Letzt die Pizza auf den Pizzastein legen und diese circa drei bis fünf Minuten backen.

SPARGEL-PESTO-PIZZA

4 Port. 90 Min. Mittel

Zutaten

300 g Weizenmehl
1 Esslöffel Olivenöl
1 Teelöffel Zucker
160 ml Wasser (lauwarm)
6 g Salz
10 g Hefe (frisch)

Pesto-Sauce:
25 g Olivenöl
30 g Rucola
30 g Mandeln (gemahlen)
1 Schuss Limettensaft
30 g Ziegen-Schnittkäse
1 Prise Salz

Belag:
200 g Spargel (grün)
1 Teelöffel Limettensaft
2 Esslöffel Olivenöl
1 Knoblauchzehe
1 Teelöffel Limettenabrieb
150 g Mozzarella (gerieben)
3 Prisen Pfeffer
3 Prisen Salz
1 Teelöffel Petersilie (gehackt)

Nährwerte p. P.

549 kcal
57 g Kohlenhydrate
25 g Fett
21 g Eiweiß

1 Den Zucker sowie die Hefe in dem lauwarmen Wasser auflösen. Anschließend die Hefelösung mit dem Salz und dem Olivenöl zum Weizenmehl geben und alles in einen glatten Pizzateig verwandeln.

2 Den Teig mit einem Küchentuch abdecken und eine Stunde an einem warmen Platz gehen lassen.

3 Währenddessen den Rucola mit dem Ziegenschnittkäse, den Mandeln, dem Schuss Limettensaft sowie den 25 g Olivenöl und einer Prise Salz mischen und mit dem Pürierstab in ein leckeres Pesto verwandeln. Jetzt den grünen Spargel säubern und holzige Enden entfernen.

4 Im Anschluss aus zwei Esslöffeln Olivenöl, einem Teelöffel Limettensaft, einem Teelöffel Limettenabrieb, Petersilie sowie einer Prise Salz und Pfeffer eine Marinade herstellen.

5 Den Knoblauch ohne Schale fein zerhacken und ebenfalls in die Marinade mischen. Hier den Spargel zwischen 30 und 40 Minuten einlegen.

6 In der Zwischenzeit den Pizzastein bei 220 Grad Celsius Ober-/Unterhitze zum Aufheizen in den Backofen legen.

7 Nun den Pizzateig in drei gleichgroße Portionen teilen und daraus dünne Fladen kreieren. Auf jeder Pizza das selbstgemachte Pesto verteilen und darauf den Mozzarella streuen.

8 Über den Käse dann den eingelegten Spargel geben und jede Pizza anschließend auf dem Pizzastein zwischen fünf und sieben Minuten backen.

SPINAT-RICOTTA-PIZZA

2 Port. 90 Min. Mittel

Zutaten

200 g Weizenmehl
10 g Hefe (frisch)
100 ml Wasser (lauwarm)
1 Teelöffel Salz
4 Esslöffel Olivenöl

Belag:
5 Tomaten (getrocknet)
60 g Spinat (TK)
Ein halbes Bund Petersilie
2 Peperoni (grün)
150 g Ricotta (weich)
1 Ei
1 Knoblauchzehe
60 g Parmesankäse (gerieben)
130 g Mozzarella
Paprikapulver
Pfeffer
Salz

Nährwerte p. P.

947 kcal
78 g Kohlenhydrate
52 g Fett
40 g Eiweiß

1 Das Weizenmehl mit dem Salz sowie dem Olivenöl verrühren. Danach die Hefe ins lauwarme Wasser bröseln und ebenfalls verrühren. Die Hefelösung dann zum Mehl-Mix geben und das Ganze zu einem glatten Pizzateig verkneten.

2 Den Teig mit einem Küchentuch abdecken und circa eine Stunde an einem warmen Ort ruhen lassen.

3 Währenddessen die getrockneten Tomaten fein zerschneiden. Die Peperoni hingegen in feine Ringe teilen und den Mozzarella in kleine Würfel verwandeln.

4 Die Petersilienblätter sowie die Knoblauchzehe ohne Schale fein zerhacken. Den Spinat auftauen.

5 Anschließend die Mozzarella-Würfel mit dem weichen Ricotta und dem Ei vermischen. Danach den Spinat, die getrockneten Tomaten, die Peperoni, den Knoblauch sowie den Parmesankäse unterrühren. Die Masse mit Paprikapulver, Pfeffer sowie Salz verfeinern.

6 Jetzt den Pizzastein im Ofen bei 220 Grad Celsius Ober-/Unterhitze erwärmen.

7 Zu guter Letzt den Teig teilen, in zwei Pizzen verwandeln und mit dem Spinat-Ricotta-Mix versehen.

8 Die Pizzen auf den Pizzastein legen und für fünf bis acht Minuten im Ofen backen. Vor dem Servieren die Pizzen mit der Petersilie verfeinern.

STEINOFEN-PIZZA

4 Port. | 60 Min. | Mittel

Zutaten

450 g Weizenmehl
50 g Hartweizengrieß
5 g Hefe (frisch)
13 g Salz
250 ml Wasser (lauwarm)

Pizzasauce:
1 Dose Tomaten (passiert)
100 ml Rotwein (trocken)
2 Schalotten
2 Knoblauchzehen
4 Esslöffel Tomatenmark
6 Esslöffel Olivenöl
4 Esslöffel Oregano (getrocknet)
1 Prise Zucker
Pfeffer Salz

Belag:
200 g Gouda (gerieben)
Basilikum (frisch)

Nährwerte p. P.

872 kcal
101 g Kohlenhydrate
110 g Fett
103 g Eiweiß

1 Die frische Hefe in dem lauwarmen Wasser auflösen. Danach das Weizenmehl mit dem Hartweizengrieß sowie dem Salz vermengen und hier die Hefelösung hineingießen. Das Ganze gut eine Viertelstunde lang ausgiebig durchkneten.

2 Über Nacht gilt es, diesen Pizzateig dann zugedeckt zwischen acht und zwölf Stunden ruhen zu lassen. Anschließend den Pizzastein im Ofen bei 240 Grad Celsius Ober-/Unterhitze aufwärmen.

3 Währenddessen sowohl die Schalotten als auch die Knoblauchzehen aus der Schale lösen und fein hacken.

4 Beides dann in einem Topf mit ein wenig Olivenöl dünsten und mit dem Tomatenmark sowie den passierten Tomaten auffüllen. Nach circa fünf Minuten den trockenen Rotwein zugießen.

5 Die Tomatensauce mit dem Oregano, der Prise Zucker sowie Pfeffer und Salz geschmacklich verfeinern. Diese dann eine weitere halbe Stunde köcheln lassen.

6 Jetzt den Pizzateig in zwei gleichgroße Portionen teilen und daraus Kugeln kreieren. Diese dann erneut eine Viertelstunde aufgehen lassen.

7 Jetzt den Pizzateig ausrollen, mit der Tomatensauce versehen und mit dem geriebenen Gouda und den Basilikumblättern belegen. Die Pizzen auf den Pizzastein geben und diesen für sechs bis acht Minuten in den Backofen geben.

ZWIEBEL-CHAMPIGNON-PIZZA

4 Port. | 90 Min. | Mittel

Zutaten

600 g Weizenmehl
400 ml Wasser (lauwarm)
1 Würfel Hefe (frisch)
2 Teelöffel Salz
4 Esslöffel Olivenöl
2 Teelöffel Zucker

Pizzasauce:
100 ml Sahne
100 ml Crème fraîche
1 Prise Zucker
Pfeffer
Salz

Belag:
200 g Champignons (braun)
2 Zwiebeln
100 g Mascarpone
200 g Mozzarella (gerieben)
200 g Emmentaler (gerieben)

Nährwerte p. P.

1224 kcal
121 g Kohlenhydrate
140 g Fett
56 g Eiweiß

1 Zuerst die frische Hefe ins lauwarme Wasser bröseln und mit dem Zucker zusammen verrühren. Die Hefelösung zehn Minuten stehen lassen.

2 Jetzt das Weizenmehl in eine Schüssel geben und mittig ins Mehl eine Kuhle drücken. Hier die Hefelösung hineingeben und das Ganze miteinander verkneten.

3 Danach noch das Salz sowie das Olivenöl zugeben und alles erneut gut durchkneten. Jetzt den Pizzateig abdecken und diesen 35 Minuten ruhen lassen.

4 Nach der Ruhezeit den Teig in vier gleichgroße Portionen teilen, diese zu Kugeln formen und eine weitere halbe Stunde gehen lassen. In der Zwischenzeit den Pizzastein bei 240 Grad Celsius Ober-/Unterhitze in den Backofen legen.

5 Dann die Zwiebeln ohne Schale in feine Ringe teilen. Die Champignons säubern und in Scheiben verwandeln.

6 Aus den Pizzakugeln dünne Fladen rollen. Dann die Sahne mit der Crème fraîche mischen und mit einer Prise Zucker, Pfeffer sowie Salz geschmacklich verfeinern. Diesen Mix auf die vier Pizzen streichen und mit den Zwiebelscheiben, den Champignons, dem geriebenen Mozzarella sowie dem Emmentaler und der Mascarpone belegen.

7 Zu guter Letzt die Pizzen auf den Pizzastein legen und diese sieben bis neun Minuten im Ofen backen.

GEMÜSE-ALLERLEI-PIZZA

4 Port. | 80 Min. | Mittel

Zutaten

200 ml Wasser (lauwarm)
1 Päckchen Trockenhefe
450 g Weizenmehl
1 Teelöffel Zucker
6 Esslöffel Olivenöl
2 Teelöffel Salz

Pizzasauce:
1 Dose Tomaten (gehackt)
Etwas Oregano (getrocknet)
Pfeffer
Salz

Belag:
200 g Champignons (Dose)
500 g Brokkoli (frisch)
2 Paprika (rot)
200 g Gouda (gerieben)

Nährwerte p. P.

832 kcal
91 g Kohlenhydrate
36 g Fett
32 g Eiweiß

1 Zuerst das Weizenmehl in eine Schüssel füllen und mittig ins Mehl eine kleine Mulde drücken.

2 Dann die Trockenhefe mit einem Teelöffel Zucker im lauwarmen Wasser auflösen. Die Hefelösung dann mit dem Olivenöl sowie dem Salz in die Mulde des Mehls geben und alles gut miteinander verkneten.

3 Jetzt die Schüssel mit einem Handtuch abdecken und diese eine halbe Stunde an einen warmen Platz stellen.

4 Während der Pizzateig geht, die Dosentomaten mit etwas Oregano sowie Pfeffer und Salz verrühren.

5 Jetzt den Pizzastein bei 220 Grad Celsius Ober-/Unterhitze in den Ofen legen.

6 Zwischenzeitlich den Brokkoli in kleine Röschen teilen, die Champignons abgießen und die Paprikas in Streifen verwandeln.

7 Dann aus dem Pizzateig vier Pizzaböden formen. Diese erst mit der Tomatensauce bestreichen, dann mit dem Gemüse belegen und zum Schluss mit dem Gouda bestreuen.

8 Zu guter Letzt die Pizzen auf den Pizzastein legen und diese bei 200 Grad Celsius eine halbe Stunde knusprig backen.

KÜRBIS-PFIFFERLING-PIZZA

2 Port. 40 Min. Einfach

Zutaten

200 g Dinkelmehl
300 g Magerquark
1 Teelöffel Salz
1 Teelöffel Backpulver

Pizzasauce:
6 Esslöffel Sauerrahm

Belag:
120 g Kürbis (Hokkaido)
200 g Pfifferlinge
1 Zwiebel (rot)
Etwas Thymian
Pfeffer

Nährwerte p. P.

532 kcal
84 g Kohlenhydrate
6 g Fett
31 g Eiweiß

1 Das Dinkelmehl mit dem Magerquark, dem Salz sowie dem Backpulver mischen, bis das Ganze einen glatten Pizzateig ergibt.

2 Aus dem Teig dünne Pizzaböden formen und diese mit dem Sauerrahm bestreichen.

3 Jetzt den Pizzastein in den Ofen legen. Bei 240 Grad Celsius Ober-/Unterhitze kann dieser sich jetzt aufheizen.

4 Währenddessen den Kürbis entkernen, von der Schale lösen und das Fruchtfleisch in Scheiben teilen. Die Zwiebel ebenfalls in diese Form bringen.

5 Die Pfifferlinge hingegen kurz säubern.

6 Jetzt die Kürbis- sowie die Zwiebelscheiben samt den Pfifferlingen auf die Pizza legen und alles mit Thymian verfeinern.

7 Zu guter Letzt die Pizzen auf den Pizzastein legen und diesen vier bis sechs Minuten lang in den Backofen geben.

RUSTICO-VERDURE-PIZZA

4 Port. | 60 Min. | Mittel

Zutaten

250 g Maisgrieß
2 Esslöffel Maismehl
1 Liter Wasser
1 Prise Salz
1 Esslöffel Rapsöl

Pizzasauce:
1 Dose Tomaten (gehackt)
Etwas Oregano
Pfeffer

Belag:
80 g Ziegenkäse
20 Oliven (schwarz)
60 g Zucchini
16 Tomaten (getrocknet)
1 Zwiebel (rot)
Etwas Thymian
Pfeffer

Nährwerte p. P.

398 kcal
59 g Kohlenhydrate
11 g Fett
12 g Eiweiß

1 Das Wasser zum Kochen bringen. Dann den Maisgrieß sowie eine Prise Salz zufügen und das Ganze bei niedrigen Temperaturen eine Viertelstunde garen.

2 Anschließend das Maismehl und das Rapsöl zugießen und das Ganze unter ständigem Rühren weitere zehn bis 15 Minuten köcheln lassen. Sobald sich die Masse vom Boden löst, kann der Topf vom Herd genommen werden.

3 Jetzt aus der Polenta vier Pizzaböden formen und diese ungefähr eine Stunde lang aushärten lassen.

4 Währenddessen die gehackten Dosentomaten mit etwas Oregano mischen und mit Pfeffer verfeinern. Dann den Pizzastein bei 240 Grad Celsius Ober-/Unterhitze in den Ofen legen.

5 In der Zwischenzeit den Ziegenkäse in Scheiben teilen. Gleiches mit der Zucchini vornehmen. Die Zwiebel hingegen aus der Schale lösen und in feine Ringe teilen. Dann noch die getrockneten Tomaten klein schneiden.

6 Jetzt die Tomatensauce auf die Polenta-Pizzaböden verteilen. Diese dann mit den Zucchini-Scheiben, den Oliven, den getrockneten Tomatenstücken, den Zwiebelringen sowie den Ziegenkäse-Scheiben belegen.

7 Zu guter Letzt die Pizzen auf den Pizzastein legen und diese bei 240 Grad Celsius Ober-/Unterhitze circa vier bis sechs Minuten backen. Vor dem Servieren die Pizzen mit Thymian und Pfeffer bestreuen.

GORGONZOLA-SPINAT-PIZZA

4 Port. 85 Min. Mittel

Zutaten

350 g Reismehl
3 g Guarkernmehl
1 Würfel Hefe (frisch)
220 ml Wasser (lauwarm)
1 Prise Salz
2 Esslöffel Olivenöl

Pizzasauce:
1 Dose Tomaten (gehackt)
2 Esslöffel Oregano (getrocknet)
1 Zwiebel
1 Knoblauchzehe
1 Teelöffel Zucker
2 Esslöffel Olivenöl
Pfeffer
Salz

Belag:
15 g Pinienkerne
60 g Gorgonzola
200 g Spinat
Etwas Olivenöl
Pfeffer

Nährwerte p. P.

581 kcal
76 g Kohlenhydrate
26 g Fett
8 g Eiweiß

1 Die Mehlsorten mit dem Salz mischen. Danach die Hefe in das lauwarme Wasser bröseln und gut verrühren. Die Hefelösung circa zehn Minuten ziehen lassen.

2 Danach den Hefe-Mix mit dem Olivenöl zum Mehl-Salz-Gemisch geben und alles in einen glatten Teig verwandeln. Zugedeckt den Pizzateig dann eine Stunde an einem warmen Platz gehen lassen.

3 In der Zwischenzeit die Zwiebel sowie die Knoblauchzehe ohne Schale fein zerhacken und diese in zwei Esslöffeln Olivenöl kurz dünsten.

4 Das Ganze dann mit den gehackten Dosentomaten löschen und mit dem Oregano, dem Zucker sowie dem Pfeffer und dem Salz würzen. Anschließend die Sauce noch ungefähr zehn Minuten köcheln lassen.

5 Jetzt den Pizzastein bei 240 Grad Celsius in den Backofen legen damit dieser sich aufheizen kann.

6 Währenddessen den Spinat garen, bis dieser in sich zusammenfällt. Den Spinat gut ausdrücken.

7 Nun den Pizzateig dünn ausrollen. Jede Pizza mit der Tomatensauce bestreichen. Dann den Spinat, den Gorgonzola sowie die Pinienkerne auf den Böden verteilen.

8 Die Pizzen auf den Pizzastein legen und diese dann vier bis sechs Minuten im Ofen backen.

9 Zu guter Letzt die Pizzen mit ein wenig Olivenöl beträufeln und mit etwas Pfeffer bestreuen.

Vegane Pizza

PAPRIKA-CHAMPIGNON-PIZZA

1 Port. 70 Min. Mittel

Zutaten

1 Päckchen Trockenhefe
300 g Weizenmehl
170 ml Wasser (lauwarm)
1 Teelöffel Salz

Pizzasauce:
6 Esslöffel Olivenöl
2 Esslöffel Tomatenmark
Pfeffer
Salz

Belag:
250 g Champignons (frisch)
1 Knoblauchzehe
2 Paprika (rot)
Etwas italienische Kräuter (getrocknet)
Pfeffer
Salz

Nährwerte p. P.

1839 kcal
28 g Kohlenhydrate
114 g Fett
168 g Eiweiß

1 Die Trockenhefe mit dem Weizenmehl und mit dem Salz vermengen. Dann das lauwarme Wasser zugießen und alles in einen glatten Pizzateig verkneten.

2 Den Teig anschließend zudecken und diesen für circa 40 Minuten an einen warmen Platz stellen.

3 Währenddessen das Olivenöl mit dem Tomatenmark verrühren und die Sauce mit Pfeffer sowie Salz abschmecken.

4 Jetzt den Pizzastein bei 240 Grad Celsius Ober-/Unterhitze in den Backofen legen.

5 Danach die Champignons säubern und in Scheiben teilen. Die Paprikas kurz abbrausen und in feine Streifen verwandeln. Jetzt noch die Knoblauchzehe aus der Schale lösen und diese fein zerhacken.

6 Im Anschluss aus dem Pizzateig einen dünnen Fladen formen und diesen mit der Sauce bestreichen.

7 Jetzt die Champignonscheiben, den zerhackten Knoblauch sowie die Paprikastreifen auf die Pizza geben.

8 Die Pizza kräftig mit den Kräutern sowie mit Pfeffer und Salz verfeinern. Zu guter Letzt die Paprika-Champignon-Pizza auf den Pizzastein legen und diesen für circa zehn bis zwölf Minuten in den Backofen schieben.

CHAMPIGNON-ANANAS-PIZZA MIT RÄUCHERTOFU

4 Port. 60 Min. Einfach

Zutaten

350 g Weizenmehl
150 ml Wasser (heiß)
1 Päckchen Trockenhefe
1 Teelöffel Oregano (getrocknet)
1 Teelöffel Salz
1 Teelöffel Kümmel
1 Teelöffel Paprikapulver (edelsüß)
1 Esslöffel Zucker
2 Esslöffel Pflanzenöl

Belag:
200 g Räuchertofu
30 g Tomatenmark
1 Dose Ananas
2 Dosen Champignons
2 Zwiebeln
1 Dose Mais
2 Esslöffel Pflanzenöl

Nährwerte p. P.

636 kcal
95 g Kohlenhydrate
26 g Fett
15 g Eiweiß

1 Das Weizenmehl mit der Trockenhefe, dem Zucker, dem Salz, dem Kümmel, dem Paprikapulver sowie dem Oregano vermengen.

2 Jetzt das heiße Wasser und zwei Esslöffel Pflanzenöl zum Mehl-Mix geben und alles in einen glatten Teig verwandeln. Diesen dann zugedeckt ungefähr 20 Minuten an einem warmen Platz ruhen lassen.

3 Währenddessen schon einmal den Pizzastein bei 240 Grad Celsius Ober-/Unterhitze im Ofen aufheizen. Dann die Champignons, die Ananas und den Mais abtropfen lassen.

4 Die Zwiebel aus der Schale nehmen und fein würfeln. Diese dann mit ein wenig Öl mit den Champignons zusammen anbraten. Anschließend das Tomatenmark unter den Zwiebel-Champignon-Mix rühren.

5 Den Räuchertofu ebenfalls in kleine Würfel teilen.

6 Danach aus dem aufgegangenen Teig drei Pizzaböden kreieren. Diese dann zuerst mit dem Champignon-Tomatenmark-Mix bestreichen und anschließend mit dem Räuchertofu, dem Mais sowie der Ananas belegen.

7 Die Pizzen nun auf den Pizzastein legen und diesen für ungefähr zehn bis zwölf Minuten in den Backofen schieben.

WILDKRÄUTER-GEMÜSE-PIZZA

4 Port. | 95 Min. | Mittel

Zutaten

250 g Dinkelmehl
4 Esslöffel Olivenöl
1 Würfel Hefe (frisch)
125 ml Wasser (lauwarm)
1 Prise Zucker
1 Teelöffel Salz
1 Teelöffel Kräuter der Provence
1 Teelöffel Thymian (getrocknet)

Pizzasauce:
6 Esslöffel Tomatenmark
Etwas Oregano (getrocknet)
Pfeffer
Salz

Belag:
8 Cocktail-Tomaten
1 Zwiebel
1 Süßkartoffel (groß)
2 Lauchzwiebeln
1 Teelöffel Oregano (getrocknet)
2 Handvoll Wildkräuter nach Wahl
80 g veganer Käse

Nährwerte p. P.

440 kcal
55 g Kohlenhydrate
19 g Fett
9 g Eiweiß

1 Zuerst die frische Hefe ins lauwarme Wasser bröseln und das Ganze so lange verrühren, bis sich die Hefe aufgelöst hat.

2 Jetzt das Dinkelmehl mit der Prise Zucker sowie dem Salz mischen und die Hefelösung zugießen. Das Ganze so lange verkneten, bis ein glatter Pizzateig entsteht.

3 Danach das Olivenöl sowie die Kräuter unter den Teig mischen. Alles fünf bis zehn Minuten ausgiebig durchkneten. Nun den Teig abdecken und diesen eine gute halbe Stunde an einen warmen Platz stellen.

4 Währenddessen die Zwiebel sowie die Süßkartoffel von ihren Schalen befreien und beides mit Hilfe eines Gurkenhobels in hauchdünne Scheiben verwandeln.

5 Die Wildkräuter kurz abbrausen, trocken schütteln und fein zerhacken. Jetzt noch die kleinen Tomaten in Hälften schneiden und die Lauchzwiebeln in feine Ringe teilen.

6 Im Anschluss den Pizzastein bei 240 Grad Celsius Ober-/Unterhitze in den Backofen geben. Das Tomatenmark mit ein wenig Oregano, Pfeffer sowie Salz verfeinern. Dann aus dem aufgegangenen Pizzateig vier dünne Pizzaböden formen.

7 Diese zuerst mit dem verfeinerten Tomatenmark bestreichen und dann mit den Süßkartoffel-sowie Zwiebelscheiben belegen.

8 Jetzt noch die Cocktail-Tomaten, die Lauchzwiebel und die gehackten Wildkräuter auf die Pizza geben.

9 Den veganen Käse in Streifen teilen und diesen wie ein Gitter auf den Belag legen.

10 Zu guter Letzt die Pizzen auf den Pizzastein geben und diesen acht bis zehn Minuten in den Backofen schieben.

SPARGEL-PIZZA MIT VEGANER HOLLANDAISE

2 Port. 75 Min. Einfach

Zutaten

175 ml Wasser (lauwarm)
Ein halbes Päckchen Trockenhefe
325 g Weizenmehl
1 Esslöffel Olivenöl
1 Prise Zucker
1 Prise Salz

Pizzasauce:
150 ml Sojamilch
2 Esslöffel Margarine (vegan)
4 Esslöffel Hefeflocken
1 Teelöffel Gemüsebrühe
1 Teelöffel Senf
3 Teelöffel Weizenmehl
1 Teelöffel Salz
Pfeffer

Belag:
185 g Spargel (Glas)
1 Zwiebel (rot)

Nährwerte p. P.

835 kcal
139 g Kohlenhydrate
16 g Fett
24 g Eiweiß

1 Zuerst 375 Gramm Weizenmehl mit der Trockenhefe, dem Salz sowie dem Zucker mischen.

2 Dann das Olivenöl und das lauwarme Wasser zum Mehl-Mix geben und alles ausgiebig durchkneten, bis ein glatter Teig entstanden ist.

3 Diesen in eine Schüssel geben, zudecken und eine halbe Stunde an einem warmen Platz ruhen lassen.

4 Den Pizzastein jetzt bei 240 Grad Celsius Ober-/Unterhitze in den Backofen legen.

5 Währenddessen die vegane Margarine in einem Topf erhitzen. Anschließend die drei Teelöffel Weizenmehl in diese einrühren und kurz darauf das Ganze mit der Sojamilch löschen.

6 Jetzt noch die Hefeflocken, den Senf sowie die Gemüsebrühe unterrühren und die vegane Hollandaise-Sauce mit Salz sowie Pfeffer geschmacklich verfeinern.

7 Nun den Pizzateig dünn ausrollen und mit der Sauce bestreichen.

8 Den Spargel abtropfen lassen und in Stücke teilen. Die Zwiebel hingegen ohne Schale in dünne Scheiben verwandeln. Beide Zutaten auf die Pizzen legen.

9 Zu guter Letzt die Spargel-Pizzen auf den Pizzastein geben und diesen circa zehn bis zwölf Minuten in den Ofen schieben.

WINTERGEMÜSE-PIZZA

4 Port. | 60 Min. | Einfach

Zutaten

250 g Dinkelmehl
250 g Weizenmehl
1 Päckchen Trockenhefe
1 Esslöffel Rapsöl
300 ml Wasser (lauwarm)
1 Teelöffel Zucker
1 Teelöffel Salz

Pizzasauce:
100 g Tomatenmark
2 Esslöffel Rapsöl
50 ml Wasser
Einen halben Esslöffel italienische Kräuter
Etwas Paprikapulver (edelsüß)
Pfeffer
Salz

Belag:
200 g Karotten
200 g Wirsing
200 g Rote Bete
8 Esslöffel Rapsöl
2 Esslöffel Sonnenblumenkerne
Etwas Chilipulver
Pfeffer
Salz

Nährwerte p. P.

803 kcal
108 g Kohlenhydrate
36 g Fett
18 g Eiweiß

1 Zuerst die beiden Mehlsorten mit der Trockenhefe sowie dem Salz mischen. Jetzt den Zucker in dem lauwarmen Wasser auflösen und dieses mit dem Esslöffel Rapsöl zum Mehl-Mix geben. Das Ganze zu einem glatten Teig verarbeiten.

2 Anschließend den Pizzateig mit einem Küchentuch abdecken und diesen eine halbe Stunde an einem warmen Platz aufbewahren.

3 Währenddessen das Tomatenmark mit dem Rapsöl, dem Wasser sowie den italienischen Kräutern mischen. Die Tomaten-Sauce mit Paprikapulver, Salz sowie Pfeffer abschmecken.

4 Jetzt den Pizzastein bei 240 Grad Celsius Ober-/Unterhitze in den Backofen legen, damit dieser sich aufheizen kann.

5 Die Karotten nun von ihrer Schale befreien und diese in feine Scheiben teilen. Gleiches mit der Roten Bete vornehmen. Den Wirsing hingegen in feine Streifen schneiden.

6 Aus dem Pizzateig jetzt vier dünne Fladen formen. Auf diese die Tomatensauce verteilen. Anschließend die Karotten- sowie Rote Bete-Scheiben und die Wirsingstreifen darauflegen. Das Ganze mit den Sonnenblumenkernen bestreuen, mit dem Rapsöl beträufeln und mit dem Chilipulver sowie dem Pfeffer verfeinern.

7 Die Wintergemüse-Pizza dann auf den aufgewärmten Pizzastein legen und für zehn bis zwölf Minuten im Ofen backen.

TOMATEN-AUBERGINEN-PIZZA

4 Port. | 50 Min. | Einfach

Zutaten

150 g Tofu
200 g Vollkornmehl
1 Päckchen Weinstein-Backpulver
1 Teelöffel Salz
150 g Weizenmehl
8 Esslöffel Sojamilch
5 Esslöffel Olivenöl

Pizzasauce:
2 Esslöffel Tomatenmark
1 Paprika (rot)
1 Zwiebel
1 Knoblauchzehe
1 Aubergine
2 Esslöffel Olivenöl
1 Teelöffel Oregano (getrocknet)
1 Prise Salz
Pfeffer

Belag:
100 g Aubergine
16 Cocktail-Tomaten
100 g Champignons (frisch)
1 kleine Dose Mais
1 Paprika (rot)

Nährwerte p. P.

686 kcal
76 g Kohlenhydrate
30 g Fett
18 g Eiweiß

1 Den Tofu klein zerbröseln. Diesen mit der Sojamilch und dem Olivenöl dann zusammen fein pürieren.

2 Jetzt die beiden Mehlsorten sowie das Backpulver und das Salz dazugeben und alles ausgiebig miteinander verkneten.

3 Im Anschluss die Paprika sowie die Aubergine in circa ein Zentimeter große Würfel teilen. Danach die Zwiebel und die Knoblauchzehe schalenlos fein hacken.

4 In einer Pfanne dann den Knoblauch sowie die Zwiebel in etwas Öl anbraten. Sobald diese glasig sind, die Paprika- und Auberginenwürfel zugeben. Das Ganze so lange schmoren, bis die Auberginen ihre Form verlieren.

5 Danach die Temperatur senken, das Tomatenmark einrühren und die Sauce mit dem Paprikapulver, Pfeffer sowie Salz geschmacklich verfeinern. Jetzt die Sauce einmal ordentlich mit dem Pürierstab bearbeiten. Den Pizzastein jetzt bei 240 Grad Celsius Ober-/Unterhitze im Ofen aufwärmen.

6 Jetzt die Aubergine und die Champignons säubern und diese in Scheiben teilen. Die Cocktail-Tomaten nur mittig teilen und den Mais abtropfen lassen. Dann die Paprika in feine Streifen verwandeln.

7 Den Pizzateig in vier Portionen teilen und daraus vier dünne Pizzaböden formen. Auf diesen zuerst die Paprika-Auberginen-Pesto streichen und das Gemüse darauf verteilen. Zu guter Letzt die Pizzen auf den aufgeheizten Pizzastein legen und für ungefähr 10 bis 15 Minuten in den Ofen schieben.

BROKKOLI-PAPRIKA-PIZZA MIT PILZEN

4 Port. 40 Min. Einfach

Zutaten

400 g Dinkelmehl
200 ml Wasser (lauwarm)
4 Esslöffel Olivenöl
1 Päckchen Trockenhefe
2 Teelöffel Salz
1 Teelöffel Zucker

Pizzasauce:
20 g Pinienkerne
2 Knoblauchzehen
125 ml Olivenöl
15 g Basilikum (frisch)
10 g Lavendel (frisch)
10 g Thymian (frisch)
15 g Oregano (frisch)
1 Teelöffel Pfeffer
1 Teelöffel Salz

Belag:
500 g Brokkoli
2 Paprika (rot)
1 Dose Champignons

Nährwerte p. P.

214 kcal
14 g Kohlenhydrate
17 g Fett
30 g Eiweiß

1 Zuerst das Salz mit dem Dinkelmehl mischen. Mittig eine Mulde ins Mehl drücken und hier den Zucker, das Olivenöl sowie die Trockenhefe hineingeben. Das Ganze dann mit Hilfe des lauwarmen Wassers in einen glatten Teig verwandeln.

2 Jetzt den Pizzateig zudecken und diesen für eine halbe Stunde an einen warmen Platz stellen.

3 Währenddessen schon einmal den Pizzastein im Ofen bei 240 Grad Celsius Ober-/Unterhitze aufheizen.

4 Für das Pesto sämtliche Kräuter sowie die Knoblauchzehen ohne Schale fein zerhacken. Die Pinienkerne in einer fettfreien Pfanne rösten und mit den Kräutern dann in einem Mörser fein zerstampfen.

5 Den Pinienkerne-Kräuter-Mix dann mit dem Olivenöl verrühren und mit Salz sowie Pfeffer abschmecken. Jetzt den Pizzateig in vier dünne Fladen ausrollen und hier das Pesto darauf verteilen.

6 Anschließend den Brokkoli in kleine Röschen zerteilen und die Paprikas in feine Streifen verwandeln. Die Champignons lediglich abtropfen lassen.

7 Champignons, Brokkoli-Röschen sowie Paprikastreifen dann ebenfalls auf die Pizzen legen und diese auf den Pizzastein platzieren. Das Ganze zum Schluss für ungefähr 10 bis 15 Minuten in den Backofen schieben.

MARGHERITA-PIZZA

2 Port. 60 Min. Einfach

Zutaten

500 g Kartoffelmehl
450 ml Wasser (lauwarm)
1 Päckchen Trockenhefe
3 Esslöffel Olivenöl
10 g Salz

Pizzasauce:

1 Dose Tomaten (gehackt)
1 Teelöffel Zucker
2 Esslöffel Olivenöl
1 Zwiebel
1 Knoblauchzehe
2 Esslöffel Oregano (getrocknet)
Pfeffer
Salz

Belag:

10 Oliven (schwarz)
1 Zwiebel
100 g Cashew-Mozzarella

Nährwerte p. P.

1344 kcal
110 g Kohlenhydrate
10 g Fett
8 g Eiweiß

1 Die Trockenhefe in dem lauwarmen Wasser auflösen. Anschließend das Kartoffelmehl, das Olivenöl sowie das Salz dazugeben und alles ordentlich miteinander verkneten.

2 Den Pizzateig jetzt zudecken und eine halbe Stunde an einem warmen Ort ruhen lassen. Jetzt den Pizzastein schon einmal bei 240 Grad Celsius in den Backofen geben.

3 Währenddessen die Knoblauchzehe und die Zwiebel aus ihren Schalen lösen und klein zerschneiden.

4 Beides mit ein wenig Olivenöl in einer Pfanne andünsten und dann mit den Dosentomaten löschen. Danach noch den Zucker einrühren und alles ein paar Minuten vor sich hin köcheln lassen.

5 In der Zwischenzeit die Zwiebel für den Belag in dünne Scheiben zerteilen. Gleiches mit dem Cashew-Mozzarella vornehmen. Die Oliven lediglich halbieren und unter Umständen von den Kernen befreien.

6 Jetzt den Pizzateig ausrollen, auf den Pizzastein legen und zwei bis drei Minuten im Ofen vorbacken.

7 Im Anschluss die Pizzaböden herausnehmen, mit der Tomaten-Sauce bestreichen und mit den Oliven sowie den Zwiebel- und den Cashew-Mozzarella-Scheiben belegen. Danach die Pizzen erneut vier bis fünf Minuten backen.

TOMATEN-MAIS-PIZZA MIT CHAMPIGNONS

4 Port. 90 Min. Mittel

Zutaten

300 ml Wasser (lauwarm)
1 Päckchen Trockenhefe
400 g Weizenmehl
1 Prise Zucker
2 Esslöffel Olivenöl
1 Teelöffel Salz

Pizzasauce:
4 Esslöffel Tomatenmark
250 g Tomaten (passiert)
1 Teelöffel italienische Kräuter
Pfeffer
Salz

Belag:
200 g Cocktail-Tomaten
1 Dose Mais
200 g Champignons (braun)
200 g Reibekäse (vegan)

Nährwerte p. P.

500 kcal
84 g Kohlenhydrate
10 g Fett
25 g Eiweiß

1 Das Weizenmehl mit dem Salz und der Trockenhefe mischen. Jetzt das Olivenöl sowie den Zucker im Wechsel mit dem lauwarmen Wasser zugießen und alles in einen glatten Pizzateig verwandeln.

2 Den Teig anschließend mit einem Tuch abdecken und ungefähr eine Stunde an einem warmen Platz ruhen lassen.

3 Währenddessen die passierten Dosentomaten mit dem Tomatenmark mischen und die Sauce mit den italienischen Kräutern sowie mit Pfeffer und Salz abschmecken.

4 Jetzt den Pizzastein bei 240 Grad Celsius Ober-/Unterhitze in den Backofen legen. Danach die Cocktail-Tomaten in Hälften teilen, den Mais abtropfen und die Champignons nach dem Säubern in Scheiben zerteilen.

5 Aus dem Pizzateig dann dünne Fladen rollen und diese mit der Tomatensauce bestreichen.

6 Jetzt noch die Champignons, den Mais sowie die Cocktail-Tomaten darauflegen und die Pizzen mit dem veganen Reibekäse bestreuen.

7 Die Pizzen dann auf den Pizzastein geben und diese circa zehn Minuten im Ofen backen.

KICHERERBSEN-PIZZA

2 Port. 80 Min. Einfach

Zutaten

100 g Kichererbsen-Mehl
1 Teelöffel Kokosnussöl
1 Esslöffel italienische Kräuter
1 Prise Salz
120 ml Wasser

Pizzasauce:
1 Knoblauchzehe
2 Esslöffel Tomatenmark
1 Esslöffel Oregano
3 Esslöffel Wasser

Belag:
35 g Cashewkerne
1 Esslöffel Zitronensaft
1 Esslöffel Hefeflocken
1 Prise Kurkuma
1 Prise Salz
20 g Tomaten (getrocknet)
Eine halbe Zucchini
Pinienkerne
Eine halbe Handvoll Basilikumblätter

Nährwerte p. P.

366 kcal
21 g Kohlenhydrate
13 g Fett
15 g Eiweiß

1 Im Vorfeld erst einmal die Cashewkerne eine Stunde in Wasser einweichen.

2 Dann das Kichererbsen-Mehl mit dem Salz und den italienischen Kräutern mischen. Das Wasser zugießen und alles in einen etwas zähen Teig verwandeln.

3 Danach das Kokosnussöl schmelzen und dieses unter den Pizzateig kneten. Jetzt die Knoblauchzehe aus der Schale lösen und fein zerhacken. Diese mit dem Tomatenmark, dem Oregano sowie dem Wasser verrühren.

4 Den Pizzastein nun bei 220 Grad Celsius Ober-/Unterhitze in den Ofen schieben, damit dieser sich langsam erwärmen kann.

5 Währenddessen die Cashewkerne abgießen und in einem Standmixer fein zerkleinern.

6 Danach den Zitronensaft, die Hefeflocken, Salz sowie Kurkuma zugeben und alles erneut ausgiebig mischen.

7 Jetzt so viel Wasser zugießen, dass das Ganze nach erneutem Rühren schön cremig wird. Im Anschluss die Zucchini in Scheiben teilen und die getrockneten Tomaten klein hacken.

8 Den Pizzateig in zwei runde Fladen formen. Hierauf zuerst die Tomatensauce verteilen. Anschließend folgen die getrockneten Tomaten sowie die Zucchini-Scheiben.

9 Über das Ganze die Cashew-Creme geben. Die Pizzen nun auf den Pizzastein legen und bei 220 Grad Celsius acht bis zehn Minuten backen.

10 Vor dem Servieren die Pinienkerne sowie die Basilikumblätter auf die Pizzen geben.

Pizza ohne Gluten

ZWIEBEL-THUNFISCH-PIZZA

4 Port. | 50 Min. | Mittel

Zutaten

220 g Blumenkohl
180 g Gouda (gerieben)
1 Ei
1 Knoblauchzehe
Einen halben Teelöffel Salz
1 Teelöffel italienische Kräuter

Pizzasauce:
1 Knoblauchzehe
1 Zwiebel
1 Teelöffel Zucker
1 Dose Tomaten, gehackt
2 Esslöffel Olivenöl
2 Esslöffel Oregano (getrocknet)

Belag:
1 Dose Thunfisch (im eigenen Saft)
100 g Mozzarella (gerieben)
1 Zwiebel

Nährwerte p. P.

713 kcal
18 g Kohlenhydrate
25 g Fett
22 g Eiweiß

1 Den Blumenkohl mit Hilfe eines Mixers oder einer Küchenmaschine ganz fein zerkleinern. Danach gilt es, den geriebenen Blumenkohl kurz in Wasser zu garen.

2 Jetzt den Pizzastein bei 220 Grad Celsius Ober-/Unterhitze in den Backofen legen. Anschließend den Knoblauch aus der Schale nehmen und diesen fein zerhacken.

3 Diesen dann mit dem gegarten Blumenkohl, dem geriebenen Käse, dem Ei, dem Salz sowie den italienischen Kräutern verkneten.

4 Aus dem Teig im Anschluss Pizzaböden formen und diese auf dem Pizzastein circa eine Viertelstunde im Ofen vorbacken.

5 In der Zwischenzeit die Knoblauchzehe sowie die Zwiebel ohne Schale fein zerkleinern.

6 Beide Zutaten dann in den zwei Esslöffeln Olivenöl dünsten. Das Ganze anschließend mit den gehackten Tomaten ablöschen und mit einem Teelöffel Zucker verrühren. Die Sauce dann weitere zehn Minuten köcheln lassen.

7 Jetzt die Zwiebel in feine Ringe teilen und die vorgebackenen Pizzaböden mit der Tomatensauce bestreichen. Den Thunfisch abgießen.

8 Anschließend auf die Tomatensauce den Thunfisch, die Zwiebelscheiben sowie den geriebenen Mozzarella verteilen. Die Pizzen zu guter Letzt auf den Pizzastein legen und diese bei höchster Temperatur vier bis sechs Minuten backen.

ANANAS-KOCHSCHINKEN-PIZZA

4 Port. | 60 Min. | Mittel

Zutaten

500 g Buchweizenmehl
250 ml Wasser (lauwarm)
1 Teelöffel Salz
1 Würfel Hefe (frisch)
2 Esslöffel Rapsöl
1 Prise Zucker

Pizzasauce:
1 Dose Tomaten (passiert)
1 Zwiebel
2 Esslöffel Olivenöl
5 Esslöffel Tomatenmark
3 Esslöffel Parmesankäse
1 Prise Basilikum (getrocknet)
1 Prise Thymian (getrocknet)
1 Prise Pfeffer
1 Prise Oregano (getrocknet)
1 Prise Salz

Belag:
4 Scheiben Kochschinken
4 Ananas-Scheiben (Dose)
4 Teelöffel Olivenöl
150 g Mozzarella (gerieben)
50 g Parmesankäse (gerieben)

Nährwerte p. P.

727 kcal
118 g Kohlenhydrate
19 g Fett
19 g Eiweiß

1 Den Würfel Hefe in das lauwarme Wasser bröseln und gut umrühren. Anschließend das Rapsöl sowie den Zucker und das Salz zugeben und alles erneut verrühren.

2 Die Hefelösung dann mit dem Buchweizenmehl verkneten, bis das Ganze einen glatten Teig ergibt.

3 Den Pizzateig zugedeckt eine halbe Stunde an einem warmen Platz stehen lassen. Jetzt den Pizzastein bei Höchsttemperatur auf Ober-/Unterhitze in den Backofen geben, damit dieser sich langsam erwärmen kann.

4 Währenddessen für die Tomatensauce die Knoblauchzehen sowie die Zwiebel ohne Schale fein hacken.

5 Beide Zutaten zu den passierten Dosentomaten geben. Danach das Tomatenmark und das Olivenöl unterrühren. Das Ganze dann fein pürieren und mit den genannten Gewürzen sowie Kräutern geschmacklich verfeinern.

6 Danach den Kochschinken in grobe Stücke teilen. Die Ananas-Scheiben ebenfalls in solche verwandeln und den geriebenen Mozzarella mit dem geriebenen Parmesankäse vermengen.

7 Nun aus dem Pizzateig vier dünne Pizzaböden formen und diese mit der Sauce bestreichen. Darauf den Käse-Mix geben und diesen mit dem Kochschinken sowie den Ananasstücken belegen. Das Ganze mit dem Olivenöl beträufeln.

8 Zum Schluss die Pizzen auf den aufgewärmten Pizzastein legen und diesen für zwei bis drei Minuten in den Ofen schieben.

BIANCO-PIZZA

4 Port. 40 Min. Einfach

Zutaten

300 g Kartoffelmehl
300 g Reismehl
1 Würfel Hefe
400 ml Wasser (lauwarm)
2 Teelöffel Salz
2 Teelöffel Zucker
4 Esslöffel Olivenöl

Pizzasauce:
100 g Mascarpone
100 ml Sahne
100 g Crème fraîche

Belag:
2 Zwiebeln
125 g Salami (Scheiben)
200 g Champignons
200 g Emmentaler (gerieben)
200 g Mozzarella (gerieben)

Nährwerte p. P.

1295 kcal
129 g Kohlenhydrate
67 g Fett
40 g Eiweiß

1 Zuerst den Würfel Hefe mit dem Zucker in das lauwarme Wasser bröseln und umrühren.

2 Jetzt das Kartoffelmehl mit dem Reismehl vermengen und mittig eine Mulde ins Mehl drücken. Hier den Hefe-Mix einfüllen und alles zu einem glatten Pizzateig verkneten.

3 Danach noch das Salz sowie das Olivenöl zum Teig geben und diesen erneut ordentlich bearbeiten.

4 Anschließend den Pizzateig mit einem Küchentuch abdecken und diesen eine gute halbe Stunde an einem warmen Ort aufbewahren.

5 Nach der Ruhezeit den Teig in vier gleichgroße Portionen teilen. Aus jeder Portion eine Kugel formen und diese erneut eine halbe Stunde ruhen lassen.

6 Währenddessen den Pizzastein schon einmal bei 250 Grad Celsius Ober-/Unterhitze in den Backofen legen.

7 In der Zwischenzeit die zwei Zwiebeln aus der Schale lösen und diese in feine Scheiben zerteilen. Die Champignons säubern und in dieselbe Form bringen. Danach aus dem aufgegangenen Teig vier Pizzaböden formen.

8 Die Mascarpone mit der Sahne sowie der Crème fraîche mischen und diese Creme auf die Pizzen verteilen. Die Salami, die Zwiebeln sowie die Champignons dann ebenfalls auf die Pizzen legen.

9 Den Emmentaler mit dem Mozzarella mischen und den Käse-Mix obendrauf streuen.

10 Zu guter Letzt die Pizzen auf dem Pizzastein platzieren und diesen für sieben bis neun Minuten in den Backofen geben.

QUATTRO-FORMAGGI-PIZZA

2 Port. 60 Min. Einfach

Zutaten

100 g Kichererbsen-Mehl
170 g Reismehl
50 g Maisstärke
1 Würfel Hefe (frisch)
1 Teelöffel Salz
Einen halben Teelöffel Zucker
1 Esslöffel Olivenöl
130 ml Wasser (lauwarm)

Belag:
200 g Pecorino (Hartkäse gerieben)
100 g Gorgonzola
2 Kugeln Mozzarella
100 g Gouda (gerieben)
Etwas Oregano

Nährwerte p. P.

405 kcal
60 g Kohlenhydrate
21 g Fett
24 g Eiweiß

1 Zuerst die frische Hefe in das lauwarme Wasser bröckeln und die Mischung ein paar Mal umrühren.

2 Jetzt das Kichererbsen-Mehl mit dem Reismehl, der Maisstärke, dem Salz, dem Zucker sowie dem Olivenöl grob mischen. Mittig eine Kuhle ins Gemisch drücken und hier die Hefelösung einfüllen.

3 Das Ganze in einen glatten Pizzateig verwandeln, abdecken und circa 40 Minuten an einen warmen Platz stellen.

4 Nun den Pizzastein zum Aufheizen bei Maximaltemperatur in den Ofen legen.

5 Den Teig nach der Ruhezeit teilen und daraus zwei Pizzaböden formen.

6 Danach die Mozzarella-Kugeln würfeln und diese auf die Pizzen legen.

7 Mit Hilfe eines kleinen Löffels jetzt Stücke vom Gorgonzola abbrechen und diese ebenfalls verteilen.

8 Gleiches mit dem Pecorino sowie mit dem Gouda vornehmen.

9 Zum Schluss die Quattro-Formaggi-Pizzen auf den Pizzastein legen und diese fünf bis acht Minuten backen.

10 Vor dem Servieren die Pizzen mit etwas getrocknetem Oregano verfeinern.

OLIVEN-SALAMI-PIZZA

2 Port. 75 Min. Mittel

Zutaten

180 g Maismehl
50 g Kartoffelstärke
1 Würfel Hefe (frisch)
1 Esslöffel Olivenöl
1 Prise Zucker
150 ml Wasser (lauwarm)
1 Esslöffel Haferflocken
Einen halben Teelöffel Salz

Pizzasauce:
1 Dose Tomaten (passiert)
1 Knoblauchzehe
2 Esslöffel Olivenöl
1 Teelöffel Zucker
1 Zwiebel
1 Teelöffel Oregano (getrocknet)
Pfeffer
Salz

Belag:
75 g Salami (Scheiben)
50 g Oliven (schwarz)
200 g Mozzarella (gerieben)

Nährwerte p. P.

1042 kcal
110 g Kohlenhydrate
62 g Fett
50 g Eiweiß

1 Den Würfel Frischhefe ins lauwarme Wasser bröseln und den Mix umrühren, damit sich die Hefe auflösen kann.

2 Dann das Maismehl mit der Kartoffelstärke, den Haferflocken, dem Zucker, dem Salz sowie dem Olivenöl vermengen und mittig ins Gemisch eine Mulde drücken.

3 In die Mulde die Hefelösung gießen und das Ganze zu einem glatten Teig verkneten. Diesen anschließend abdecken und eine halbe Stunde an einem warmen Ort ruhen lassen.

4 Nun kann auch der Pizzastein im Ofen bei Maximaltemperatur aufgewärmt werden.

5 Anschließend die Zwiebel und die Knoblauchzehe ohne Schale in feine Stückchen verwandeln und diese mit zwei Esslöffeln Olivenöl dünsten.

6 Kurz darauf die passierten Dosentomaten zugeben. Diese mit dem Zucker verrühren und alles mit Salz, Oregano sowie Pfeffer abschmecken. Zehn Minuten gilt es, die Tomatensauce dann noch vor sich hin köcheln zu lassen.

7 Währenddessen aus dem Pizzateig zwei flache Pizzen formen. Auf diesen die Sauce verteilen.

8 Darauf dann die Salami-Scheiben, die Oliven sowie den geriebenen Mozzarella geben.

9 Zum Schluss die Oliven-Salami-Pizzen auf den Pizzastein legen und das Ganze fünf bis sieben Minuten backen.

10 Kurz vor dem Verzehr noch etwas Oregano auf die Pizzen streuen.

KNOBLAUCHWURST-PIZZA

4 Port. 60 Min. Einfach

Zutaten

170 g Reismehl
1 Esslöffel Hefeflocken
150 ml Wasser (lauwarm)
1 Würfel Hefe (frisch)
1 Esslöffel Olivenöl
180 g Maismehl
1 Prise Zucker
Einen halben Teelöffel Salz

Pizzasauce:
1 Dose Tomaten (passiert)
1 Esslöffel Thymian (getrocknet)
Pfeffer
Salz

Belag:
1 Paprika (rot)
2 Peperoni
250 g Knoblauchwurst
500 g Gouda (gerieben)
1 Esslöffel Olivenöl

Nährwerte p. P.

1030 kcal
73 g Kohlenhydrate
58 g Fett
53 g Eiweiß

1 Die frische Hefe in das lauwarme Wasser bröseln und alles umrühren.

2 Dann das Reismehl mit dem Maismehl, den Hefeflocken, der Prise Zucker, dem Olivenöl sowie dem Salz mischen.

3 Mittig eine Mulde in den Mix drücken. Hier jetzt die Hefelösung hineingeben und das Ganze in einen geschmeidigen Teig verwandeln.

4 Diesen dann zudecken und eine halbe Stunde bei Zimmertemperatur ruhen lassen.

5 Den Pizzastein bei höchster Temperatur in den Backofen legen, damit dieser sich aufheizen kann.

6 Währenddessen die passierten Dosentomaten mit Thymian, Pfeffer sowie Salz würzen.

7 Dann die Paprika und die Peperoni in Streifen teilen. Die Knoblauchwurst hingegen in Scheiben trennen.

8 Jetzt aus dem Teig Pizzaböden formen und auf diesen die Tomatensauce streichen.

9 Auf die Sauce die Peperoni- und Paprikastreifen sowie die Knoblauchwurst verteilen. Die Pizzen großzügig mit dem geriebenen Gouda bestreuen.

10 Zu guter Letzt die fast fertigen Pizzen auf den Pizzastein legen und diese fünf bis sieben Minuten lang im Ofen backen.

THAILAND-PIZZA

4 Port. 60 Min. Mittel

Zutaten

100 g Kichererbsen-Mehl
170 g Reismehl
50 g Maisstärke
130 ml Wasser (lauwarm)
1 Esslöffel Olivenöl
1 Würfel Hefe
1 Teelöffel Salz
Einen halben Teelöffel Zucker

Pizzasauce:
4 Esslöffel Schmand
Einen halben Teelöffel Currypulver
Einen halben Teelöffel Paprikapulver
Ein halbes Bund Koriander (frisch)
Pfeffer
Salz

Belag:
400 g Mozzarella (gerieben)
1 Paprika (gelb)
1 Zucchini
1 Chilischote

Nährwerte p. P.

629 kcal
63 g Kohlenhydrate
29 g Fett
27 g Eiweiß

1 In dem lauwarmen Wasser die Frischhefe hineinbröseln und das Ganze ein paar Mal umrühren.

2 Dann das Kichererbsen-Mehl mit der Maisstärke, dem Reismehl, dem Olivenöl, dem Salz, dem Olivenöl und dem Zucker mischen.

3 In die Mitte des Mehl-Mixes eine Kuhle drücken. Hier das Hefewasser einfüllen und alles gut miteinander vermengen.

4 Den Teig anschließend zudecken und eine halbe Stunde bei Zimmertemperatur ruhen lassen.

5 Jetzt den Pizzastein bei maximaler Temperatur Ober-/Unterhitze im Backofen aufheizen.

6 Im Anschluss den Schmand mit dem Curry- sowie Paprikapulver verrühren. Den Koriander fein zerhacken und diesen ebenfalls untermischen. Die Creme mit Pfeffer sowie Salz verfeinern.

7 Danach die Paprika in Streifen zerteilen und die Zucchini in Scheiben teilen. Die Chilischote hingegen fein hacken.

8 Aus dem Pizzateig Fladen formen. Diese mit dem verfeinerten Schmand bestreichen und mit der Paprika, der Zucchini und den Chilis belegen. Alles mit dem geriebenen Mozzarella bestreuen.

9 Zu guter Letzt die Pizzen auf den Pizzastein legen und diese bei 200 Grad Celsius Ober-/Unterhitze circa acht Minuten backen.

ROTKOHL-ZUCCHINI-PIZZA

4 Port. | 135 Min. | Mittel

Zutaten

180 g Maismehl
150 ml Wasser (lauwarm)
1 Würfel Hefe (frisch)
1 Esslöffel Hefeflocken
50 g Kartoffelstärke
1 Prise Zucker
Einen halben Teelöffel Salz
1 Esslöffel Olivenöl

Pizzasauce:
2 Knoblauchzehen
100 g Basilikumblätter
200 ml Olivenöl
100 g Pinienkerne
100 g Parmesankäse (Stück)
1 Teelöffel Salz

Belag:
50 g Rotkohl
1 Zucchini
400 g Mozzarella (gerieben)
50 g Fetakäse
2 Teelöffel Thymian (getrocknet)
Pfeffer
Salz

Nährwerte p. P.

1094 kcal
46 g Kohlenhydrate
82 g Fett
42 g Eiweiß

1 Die Frischhefe zuerst ins lauwarme Wasser bröseln und den Mix ordentlich umrühren.

2 Danach das Maismehl mit den Hefeflocken, der Kartoffelstärke, dem Zucker, dem Olivenöl sowie dem Salz vermengen.

3 In die Mitte des Mehl-Mixes eine Mulde drücken und hier das Hefewasser hineinfüllen. Alles miteinander verkneten, bis ein glatter Teig entsteht. Diesen abgedeckt ungefähr 30 Minuten ruhen lassen.

4 Dann den Pizzastein bei Höchsttemperatur Ober-/Unterhitze in den Backofen legen. In der Zwischenzeit die Knoblauchzehen für die Pesto von der Schale befreien und mittig teilen.

5 Den Parmesankäse in grobe Stücke teilen und die Pinienkerne in einer fettfreie Pfanne anrösten.

6 Jetzt die Pinienkerne mit den Basilikumblättern, den Knoblauchzehen, dem Olivenöl, dem Parmesankäse sowie dem Salz in den Standmixer geben und alles fein pürieren. Anschließend den Teig in dünne Pizzaböden verwandeln und hierauf das Pesto verteilen.

7 Jetzt den Rotkohl in feine Streifen raspeln und die Zucchini in Scheiben teilen. Den Fetakäse hingegen in kleine Würfel verwandeln.

8 Danach den geraspelten Rotkohl, die Zucchinischeiben sowie den gewürfelten Feta auf die Pizzen geben. Das Ganze mit dem geriebenen Mozzarella bestreuen.

9 Die Pizzen dann auf den Pizzastein legen und für circa acht Minuten in den Backofen geben.

10 Vor dem Servieren die Pizzen noch mit ein wenig Thymian, Salz sowie Pfeffer bestreuen.

PROSCIUTTO-PFIRSICH-PIZZA

4 Port. 60 Min. Mittel

Zutaten

500 g Kartoffelmehl
2 Esslöffel Olivenöl
1 Päckchen Trockenhefe
250 ml Wasser (lauwarm)
Eineinhalb Teelöffel Zucker
1 Teelöffel Salz

Pizzasauce:
400 g Tomaten (passiert)
1 Knoblauchzehe
1 Chilischote
15 Basilikumblätter
2 Teelöffel Salz
4 Teelöffel Zucker

Belag:
1 Kugel Burrata
80 g Prosciutto-Schinken
1 Pfirsich
80 g Mozzarella (gerieben)
1 Handvoll Rucola
Etwas Balsamico-Creme
Pfeffer
Salz

Nährwerte p. P.

906 kcal
105 g Kohlenhydrate
35 g Fett
44 g Eiweiß

1 Das Kartoffelmehl mit dem Olivenöl, der Trockenhefe, dem lauwarmen Wasser, dem Zucker sowie dem Salz mischen. Alles so lange vermengen, bis aus dem Ganzen ein glatter Teig entstanden ist.

2 Die Schüssel mit dem Pizzateig dann abdecken und für eine Stunde an einen warmen Platz stellen.

3 Jetzt die passierten Tomaten in einen Topf geben. Die Knoblauchzehe sowie die Chilischote fein zerhacken. Gleiches mit den Basilikumblättern vornehmen.

4 Den Knoblauch mit der Chilischote, dem Basilikum, dem Salz sowie dem Zucker unter die passierten Tomaten rühren und alles einmal zum Kochen bringen.

5 Anschließend den Pizzastein bei höchster Temperatur Ober-/Unterhitze im Backofen erhitzen.

6 Den Pizzateig jetzt erneut einmal durchkneten und dann Pizzaböden daraus formen. Auf diesen die Tomatensauce streichen.

7 Nun den Pfirsich in Spalten teilen und diese ebenfalls auf die Pizzen geben.

8 Danach den geriebenen Mozzarella darüberstreuen und die Pizzen auf den Pizzastein legen. Diesen für vier bis sechs Minuten in den Ofen geben.

9 Nach der Backzeit die Pizzen mit dem Schinken sowie dem Rucola belegen.

10 Den Burrata abzupfen und ebenfalls auf die Pizzen legen. Das Ganze dann mit einem Klecks Balsamico-Creme verfeinern und mit ein bisschen Pfeffer und Salz bestreuen.

OLIVEN-SCHINKEN-PIZZA MIT PAPRIKA

4 Port. | 50 Min. | Einfach

Zutaten

200 g Kartoffelmehl
300 g Magerquark
1 Teelöffel Backpulver
1 Teelöffel Salz

Pizzasauce:
1 Dose Tomaten (Stücke)
1 Esslöffel Tomatenmark
1 Esslöffel Olivenöl
1 Knoblauchzehe
2 Teelöffel Oregano (getrocknet)
1 Prise Zucker
Pfeffer
Salz

Belag:
600 g Kochschinken
1 Paprika (gelb)
2 Knoblauchzehen
3 Tomaten
20 Oliven (schwarz)
200 g Mozzarella (gerieben)

Nährwerte p. P.

657 kcal
64 g Kohlenhydrate
19 g Fett
55 g Eiweiß

1 Zuerst das Kartoffelmehl mit dem Backpulver vermengen. Anschließend den Magerquark sowie das Salz unterrühren und alles in einen geschmeidigen Pizzateig verwandeln.

2 Jetzt den Pizzastein bei 240 Grad Celsius Ober-/Unterhitze in den Backofen schieben.

3 Während der Pizzastein sich langsam im Ofen aufheizt, schon einmal die Knoblauchzehe für die Tomatensauce fein würfeln.

4 Die Knoblauchstücke mit den Dosentomaten, dem Tomatenmark, dem Olivenöl sowie dem Zucker verrühren.

5 Das Ganze dann einmal aufkochen und mit Oregano, Salz sowie Pfeffer abschmecken.

6 Danach den Pizzateig ausrollen und die Pizzaböden mit der Tomatensauce bestreichen.

7 Im Anschluss die Oliven halbieren, die gelbe Paprika in Streifen und die Tomaten in Scheiben teilen. Die zwei Knoblauchzehen fein würfeln und den Kochschinken in grobe Stücke teilen.

8 Die Pizzen nun mit dem Kochschinken, den Tomatenscheiben, den Oliven sowie den Paprikastreifen belegen. Das Ganze dann noch mit dem geriebenen Mozzarella bestreuen.

9 Zu guter Letzt die Pizzen auf den Pizzastein legen und diese ungefähr acht Minuten im Ofen backen.

Blätterteig-Pizza

BLÄTTERTEIG-PIZZA MIT SALAMI UND LAUCH

4 Port. 40 Min. Einfach

Zutaten

1 Blätterteig (TK)

Tomatensauce:
6 Esslöffel Tomatenmark
3 Esslöffel Wasser
2 Esslöffel Olivenöl
3 Esslöffel gemischte Kräuter (TK)
Pfeffer
Salz

Belag:
150 g Salami (Scheiben)
1 Stange Lauch
1 Glas Tomaten (getrocknet)
2 Kugeln Mozzarella

Nährwerte p. P.

735 kcal
37 g Kohlenhydrate
52 g Fett
26 g Eiweiß

1 Den Pizzastein vorab bei maximaler Temperatur Ober-/Unterhitze in den Backofen legen.

2 Währenddessen das Tomatenmark mit dem Wasser und dem Olivenöl verrühren und die Sauce mit den gemischten Kräutern sowie Pfeffer und Salz verfeinern.

3 Dann den Blätterteig in Form bringen und auf diesem die Tomatensauce verteilen.

4 Jetzt die getrockneten Tomaten klein zerschneiden. Den Lauch in feine Ringe teilen und den Mozzarella in Scheiben verwandeln.

5 Die gehackten Tomaten, die Salamischeiben und die Lauchringe auf die Blätterteig-Pizza geben und obenauf die Mozzarella-Scheiben legen.

6 Zum Schluss die Pizza auf den aufgeheizten Pizzastein geben und diesen circa zehn bis 15 Minuten in den Ofen schieben.

BLÄTTERTEIG-PIZZA MIT KOCHSCHINKEN UND CHAMPIGNONS

4 Port. 40 Min. Einfach

Zutaten

10 Scheiben Blätterteig (TK)

Tomatensauce:
2 Knoblauchzehen
100 g Tomaten (passiert)
1 Esslöffel Olivenöl
1 Prise Zucker
Etwas Oregano (getrocknet)
Pfeffer
Salz

Belag:
1 kleine Dose Champignons
2 Scheiben Kochschinken
50 g Gouda (gerieben)

Nährwerte p. P.

958 kcal
36 g Kohlenhydrate
24 g Fett
21 g Eiweiß

1 Zuerst den Blätterteig auftauen lassen.

2 Dann den Pizzastein bei 240 Grad Celsius Ober-/Unterhitze in den Backofen geben.

3 Anschließend die Knoblauchzehen ohne Schale fein zerhacken und mit dem Olivenöl andünsten.

4 Das Ganze dann mit den passierten Tomaten löschen und mit dem Zucker, dem getrockneten Oregano sowie dem Pfeffer und dem Salz verfeinern.

5 Die selbstgemachte Pizzasauce auf dem Blätterteig verteilen.

6 Jetzt die Champignons abgießen und den Kochschinken in Würfel teilen. Beide Zutaten ebenfalls auf die Pizza geben und mit dem geriebenen Gouda bestreuen.

7 Zu guter Letzt die Blätterteig-Pizza auf den Pizzastein legen und ungefähr zehn Minuten im Ofen backen.

GEMÜSE-BLÄTTERTEIG-PIZZA

4 Port. 40 Min. Einfach

Zutaten

1 Päckchen Blätterteig (TK)

Pizzasauce:
200 g Tomaten (gehackt)
1 Knoblauchzehe
3 Esslöffel Olivenöl
1 Zwiebel
1 Esslöffel italienische Kräuter (getrocknet)
Pfeffer Salz

Belag:
100 g Cocktail-Tomaten
100 g Ziegenkäse
100 g Mozzarella
2 Zwiebeln

Nährwerte p. P.

442 kcal
28 g Kohlenhydrate
22 g Fett
22 g Eiweiß

1 Den tiefgefrorenen Blätterteig auftauen lassen.

2 Danach schon einmal den Pizzastein bei Höchsttemperatur Ober-/Unterhitze in den Backofen schieben.

3 Anschließend die Knoblauchzehe sowie die Zwiebel klein zerhacken und diese mit dem Olivenöl in einem Topf andünsten.

4 Den Mix mit den gehackten Dosentomaten löschen und mit den italienischen Kräutern sowie mit Pfeffer und Salz geschmacklich verfeinern.

5 Die fertige Sauce auf der Blätterteig-Pizza verteilen.

6 Jetzt die zwei anderen Zwiebeln in dünne Scheiben teilen. Die Cocktail-Tomaten halbieren und beides auf die Pizza legen.

7 Danach den Ziegenkäse und den Mozzarella in Scheiben teilen und diesen ebenfalls auf dem Blätterteig verteilen.

8 Zum Schluss die Blätterteig-Pizza auf den Pizzastein legen und diese circa zehn bis 15 Minuten im Ofen backen.

RÄUCHERLACHS-BLÄTTERTEIG-PIZZA MIT DILL

4 Port. 30 Min. Einfach

Zutaten

2 Blätterteig (TK)

Belag:
200 g Lachs (geräuchert)
10 g Dill (frisch)
300 g Gouda (gerieben)
4 Eier
Ein Viertel Teelöffel Muskatnuss
Einen halben Teelöffel Salz
Ein Viertel Teelöffel Pfeffer

Nährwerte p. P.

906 kcal
48 g Kohlenhydrate
22 g Fett
10 g Eiweiß

1 Vorab den Pizzastein bei 240 Grad Celsius Ober-/Unterhitze in den Ofen legen, damit dieser sich langsam aufheizen kann.

2 Dann den Blätterteig auftauen.

3 Anschließend den geräucherten Lachs in kleine Stückchen zerteilen und diesen auf den Blätterteig legen.

4 Jetzt die Eier mit den Gewürzen sowie dem geriebenen Gouda vermischen und den Mix ebenfalls auf dem Blätterteig verteilen.

5 Dann das Ganze auf den Pizzastein geben und circa eine Viertelstunde im Ofen backen.

6 Vor dem Verzehr noch den Dill über die Pizza streuen.

BLÄTTERTEIG-PIZZA MIT KIRSCHTOMATEN

4 Port. | 30 Min. | Einfach

Zutaten

1 Päckchen Blätterteig (Kühlregal)

Pizzasauce:
60 g Crème fraîche
6 Stiele Thymian
Pfeffer
Salz

Belag:
1 Rolle Ziegenfrischkäse
300 g Kirsch-Tomaten
3 Esslöffel Honig

Nährwerte p. P.

450 kcal
32 g Kohlenhydrate
31 g Fett
10 g Eiweiß

1 Im Vorfeld den Pizzastein bei 250 Grad Celsius Ober-/Unterhitze in den Backofen zum Aufheizen legen.

2 Dann den Blätterteig passend zum Stein formen und diesen mit der Crème fraîche bestreichen. Danach den Thymian vom Stiel zupfen und diesen ebenfalls auf den Blätterteig geben. Das Ganze mit Pfeffer sowie Salz verfeinern.

3 Danach die Kirsch-Tomaten darauf geben. Vom Ziegenfrischkäse kleine Stückchen abtrennen und diese auch auf den Blätterteig legen.

4 Nun die Blätterteig-Pizza auf dem Pizzastein platzieren und für zehn Minuten in den Backofen schieben.

5 Anschließend die Pizza mit dem Honig beträufeln und erneut circa fünf Minuten backen.

BLÄTTERTEIG-PIZZA MIT EI UND SPECK

2 Port. 30 Min. Einfach

Zutaten

1 Päckchen Blätterteig (Kühlregal)

Pizzasauce:
80 ml Tomaten (passiert)
1 Esslöffel italienische Kräuter
Pfeffer
Salz

Belag:
1 Ei
75 g Speck-Streifen
80 g Mozzarella

Nährwerte p. P.

326 kcal
20 g Kohlenhydrate
23 g Fett
11 g Eiweiß

1 Im Vorfeld den Pizzastein bei höchster Temperatur Ober-/Unterhitze zum Aufheizen in den Backofen legen.

2 Jetzt die passierten Tomaten mit den italienischen Kräutern sowie mit Pfeffer und Salz würzen und alles gut verrühren.

3 Danach den Mozzarella in Scheiben teilen und die Eier miteinander verrühren.

4 Jetzt die Tomatensauce auf den Blätterteig streichen und den Speck sowie den Mozzarella darauflegen.

5 Anschließend den Rand des Blätterteigs einmal umklappen und das verquirlte Ei über die Pizza gießen.

6 Die Pizza nun auf den Pizzastein legen und circa zehn bis 15 Minuten im Ofen backen.

BLÄTTERTEIG-PIZZA MIT SPARGEL UND GARNELEN

2 Port. 40 Min. Einfach

Zutaten

1 Päckchen Blätterteig (Kühlregal)

Pizzasauce:
150 g Ricotta
Einen halben Teelöffel Paprikapulver (rosenscharf)
Pfeffer
Salz

Belag:
500 g Spargel (weiß)
450 g Riesengarnelen
100 g Cherry-Tomaten
1 Esslöffel Zitronensaft
75 g Mozzarella

Nährwerte p. P.

431 kcal
24 g Kohlenhydrate
22 g Fett
34 g Eiweiß

1 Vorab den Pizzastein bei maximaler Temperatur Ober-/Unterhitze in den Backofen geben, damit dieser sich langsam aufwärmen kann.

2 Dann den Spargel abschälen und in circa vier Zentimeter lange Stücke teilen. Diese dann in kochendem Wasser mit einer Prise Salz garen.

3 Den Blätterteig nun nach Wunsch formen.

4 Jetzt den Ricotta mit dem Paprikapulver sowie mit Salz und Pfeffer abschmecken und diesen auf dem Blätterteig verteilen.

5 Danach die aufgetauten Riesengarnelen mit dem Zitronensaft beträufeln und diese dann mit den Cherry-Tomaten sowie dem gegarten Spargel auf dem Ricotta verteilen.

6 Den Mozzarella in kleine Würfel teilen und diese ebenfalls auf die Pizza legen.

7 Zu guter Letzt die Blätterteig-Pizza auf den Pizzastein geben und das Ganze für 15 bis 20 Minuten in den Backofen schieben.

BLÄTTERTEIG-PIZZA MIT MOZZARELLA UND TOMATEN

4 Port. 20 Min. Einfach

Zutaten

150 g Blätterteig (Kühlregal)

Belag:
1 Eigelb
150 g Cocktail-Tomaten
1 Kugel Mozzarella
1 kleines Bund Basilikum

Nährwerte p. P.

244 kcal
15 g Kohlenhydrate
17 g Fett
7 g Eiweiß

1 Zuerst den Pizzastein bei höchster Temperatur zum Aufheizen in den Ofen legen.

2 Danach den Blätterteig ausrollen und hier den zuvor in Scheiben geschnittenen Mozzarella darauf verteilen.

3 Jetzt die Cocktail-Tomaten auf das Ganze geben und den vorab klein gehackten Basilikum darauf verteilen.

4 Den Rand der Pizza mit Eigelb einstreichen und diese dann auf den Pizzastein legen.

5 Ungefähr acht Minuten muss das Ganze jetzt in den Backofen.

BLÄTTERTEIG-PIZZA MIT KOCHSCHINKEN UND ZWIEBELN

4 Port. | 30 Min. | Einfach

Zutaten

1 Päckchen Blätterteig (Kühlregal)

Pizzasauce:
3 Esslöffel Tomatenmark

Belag:
2 Tomaten
2 Zwiebeln
200 g Kochschinken
1 Esslöffel Basilikum (getrocknet)
250 g Gouda (gerieben)
Pfeffer
Salz
10 Oliven (schwarz)

Nährwerte p. P.

272 kcal
22 g Kohlenhydrate
13 g Fett
12 g Eiweiß

1 Zuerst den Pizzastein bei höchster Temperatur in den Backofen schieben.

2 Dann den Blätterteig ausrollen und mit dem Tomatenmark bestreichen.

3 Die Tomaten sowie die Zwiebeln jetzt in Scheiben schneiden. Den Kochschinken in grobe Stücke teilen.

4 Danach den Kochschinken sowie die Zwiebel- und Tomatenscheiben auf das Tomatenmark legen.

5 Anschließend die Oliven darauf verteilen und den geriebenen Gouda über das Ganze streuen.

6 Die Pizza mit dem getrockneten Basilikum, Pfeffer und Salz verfeinern

7 Zum Schluss die Pizza auf den Stein legen und diese ungefähr zehn Minuten backen.

BLÄTTERTEIG-PIZZA MIT THUNFISCH UND TOMATEN

4 Port. 20 Min. Einfach

Zutaten

1 Päckchen Blätterteig (Kühlregal)

Belag:
200 g Fetakäse
1 Dose Thunfisch (im eigenen Saft)
2 Tomaten
1 Esslöffel italienische Kräuter
Pfeffer
Salz

Nährwerte p. P.

317 kcal
20 g Kohlenhydrate
21 g Fett
11 g Eiweiß

1 Vorab den Backofen auf Maximaltemperatur Ober-/Unterhitze stellen und hier den Pizzastein hineinlegen.

2 Dann den Blätterteig ausrollen.

3 Den Fetakäse in Würfel teilen und die Tomaten in Scheiben trennen.

4 Jetzt den Thunfisch abgießen und diesen mit den Tomatenscheiben auf dem Blätterteig verteilen. Den Fetakäse über das Ganze geben und die Pizza mit den italienischen Kräutern, Pfeffer sowie Salz bestreuen.

5 Dann die Blätterteig-Pizza auf den Pizzastein legen und diese circa zehn bis zwölf Minuten backen.

Pizzabrot & Calzone

KLASSISCHES PIZZABROT

4 Port. | 90 Min. | Einfach

Zutaten

500 g Weizenmehl
2 Esslöffel Olivenöl
7 g Hefe (frisch)
250 ml Wasser (lauwarm)
Einen halben Teelöffel Salz
Einen halben Teelöffel Zucker

Belag:
6 Esslöffel Olivenöl
1 Teelöffel Salz
6 Teelöffel gemischte Kräuter (mediterran)

Nährwerte p. P.

553 kcal
90 g Kohlenhydrate
15 g Fett
12 g Eiweiß

1 Die Hefe in das lauwarme Wasser bröseln, umrühren und circa zehn Minuten warten, bis sich die Hefe aufgelöst hat.

2 Dann das Weizenmehl mit dem Olivenöl, dem Salz sowie dem Zucker mischen.

3 In den Mehl-Mix jetzt das Hefewasser gießen und aus dem Ganzen einen glatten Teig kneten.

4 Den Teig mit einem Tuch abdecken und eine Stunde an einem warmen Ort ruhen lassen.

5 Nach einer guten halben Stunde den Pizzastein im Backofen bei 240 Grad Celsius Ober-/Unterhitze aufheizen.

6 Nach der Ruhezeit den Teig erneut ausgiebig durchkneten und Pizzabrote daraus formen. Diese mit einer Gabel mehrfach einstechen und dann erneut zehn Minuten ruhen lassen.

7 Danach die Pizzabrote mit dem Olivenöl bestreichen und mit dem Salz sowie den Kräutern bestreuen.

8 Zum Schluss die Pizzabrote auf den Pizzastein legen und diese ungefähr zehn bis zwölf Minuten backen.

KNOBLAUCH-PIZZABROT

2 Port. 80 Min. Einfach

Zutaten

200 g Weizenmehl
70 ml Wasser (lauwarm)
2 Esslöffel Olivenöl
10 g Hefe (frisch)
1 Prise Zucker
1 Prise Salz

Belag:
3 Knoblauchzehen
50 g Bergkäse
4 Esslöffel Olivenöl

Nährwerte p. P.

829 kcal
75 g Kohlenhydrate
50 g Fett
16 g Eiweiß

1 Zuallererst die frische Hefe in das lauwarme Wasser bröseln und den Mix ordentlich umrühren.

2 Danach den Zucker mit dem Salz und dem Weizenmehl mischen und hier die Hefelösung mit dem Olivenöl zugeben. Das Ganze in einen glatten Teig verkneten.

3 Diesen dann zugedeckt eine Stunde bei Zimmertemperatur gehen lassen.

4 Nach 30 Minuten dann den Pizzastein bei 240 Grad Celsius Ober-/Unterhitze in den Ofen legen, damit dieser sich aufheizen kann.

5 Im Anschluss aus dem Teig Pizzabrote formen.

6 Die Knoblauchzehen aus der Schale nehmen und diese in die vier Esslöffel Olivenöl pressen.

7 Die Pizzabrote mehrmals mit der Gabel einstechen und dann mit dem Olivenöl-Knoblauch-Mix bestreichen. Den Bergkäse darüber reiben.

8 Die Knoblauch-Pizzabrote anschließend auf den Pizzastein legen und im Ofen circa 15 Minuten backen.

GEFÜLLTES PIZZABROT

2 Port. | 135 Min. | Einfach

Zutaten

3 Esslöffel Butter (weich)
500 g Weizenmehl
250 ml Wasser (lauwarm)
Eineinhalb Päckchen Trockenhefe
1 Esslöffel Zucker
1 Ei
Eineinhalb Teelöffel Salz

Füllung:
3 Knoblauchzehen
250 g geröstete Paprika (Glas)
1 Prise Salz
2 Esslöffel Olivenöl
1 Prise Zucker
200 g Gouda (gerieben)
1 Teelöffel italienische Kräuter (gemischt)

Nährwerte p. P.

1537 kcal
187 g Kohlenhydrate
58 g Fett
60 g Eiweiß

1 Die Trockenhefe mit dem Zucker sowie einem Teil des lauwarmen Wassers verrühren.

2 Dann das Weizenmehl in eine Schüssel geben und mittig eine kleine Kuhle ins Mehl drücken. Das Hefewasser hier hineingießen, mit etwas Mehl bestreuen und zugedeckt dann eine Viertelstunde ruhen lassen.

3 Anschließend alles ordentlich verkneten.

4 Danach das Ei, das Salz sowie die weiche Butter zugeben und erneut durchmischen.

5 Den Teig jetzt zudecken und zwei Stunden an einem warmen Ort ruhen lassen.

6 Eine halbe Stunde vor Ende der Ruhezeit den Pizzastein in den Ofen legen. Bei 240 Grad Celsius Ober-/Unterhitze kann dieser langsam aufheizen.

7 Jetzt die Paprika abgießen und diese mit dem Knoblauch, dem Olivenöl, dem Salz, den italienischen Kräutern sowie dem Zucker mischen und pürieren.

8 Dann den Pizzateig ausrollen, den Paprika-Mix darauf streichen und das Ganze mit dem geriebenen Gouda bestreuen.

9 Das Pizzabrot dann zusammenklappen, auf den Pizzastein legen und für ungefähr 15 Minuten in den Backofen schieben.

VEGANES KRÄUTER-PIZZABROT

2 Port. 80 Min. Einfach

Zutaten

250 g Kartoffelmehl
150 ml Wasser (lauwarm)
4 Esslöffel Olivenöl
4 Knoblauchzehen
1 Peperoni (rot)
2 Teelöffel Trockenhefe
Einen halben Teelöffel Salz
Einen halben Teelöffel Zucker
2 Esslöffel Rosmarin (frisch)
2 Esslöffel Oregano (frisch)

Nährwerte p. P.

763 kcal
118 g Kohlenhydrate
29 g Fett
5 g Eiweiß

1 Das Kartoffelmehl mit dem Salz, der Trockenhefe sowie dem Zucker vermengen.

2 Jetzt das lauwarme Wasser zugießen und das Ganze in einen glatten Teig verwandeln. Diesen dann zugedeckt an einem warmen Ort eine Stunde ruhen lassen.

3 Nach einer halben Stunde den Pizzastein bei 250 Grad Celsius Ober-/Unterhitze in den Backofen legen.

4 Jetzt die Knoblauchzehen aus der Schale lösen und diese fein zerhacken. Die Peperoni hingegen in ganz feine Ringe zerteilen.

5 Beide Zutaten mit dem Olivenöl und den zuvor zerhackten Kräutern mischen.

6 Nun aus dem Teig Pizzabrote formen. Diese mit dem Olivenöl-Kräuter-Mix bestreichen und auf den Pizzastein legen.

7 Die Pizzabrote dann zehn bis zwölf Minuten im Ofen backen.

PIZZABROT MIT CHEDDAR

4 Port. | 70 Min. | Einfach

Zutaten

500 g Weizenmehl
350 ml Wasser (lauwarm)
1 Teelöffel Salz
1 Teelöffel Zucker
Einen halben Würfel Hefe

Belag:
300 g Cheddar (gerieben)
1 Teelöffel Knoblauchöl

Nährwerte p. P.

745 kcal
89 g Kohlenhydrate
29 g Fett
30 g Eiweiß

1 Zuerst die frische Hefe in das lauwarme Wasser bröseln.

2 Danach den Zucker zugeben und das Ganze ordentlich umrühren.

3 Anschließend das Weizenmehl mit dem Salz vermengen. Hier dann die Hefelösung hineingeben und aus dem Ganzen einen geschmeidigen Teig zubereiten.

4 Nun den Teig mit einem Küchentuch abdecken und eine Stunde an einem warmen Ort ruhen lassen.

5 Nach einer halben Stunde dann schon einmal den Pizzastein bei maximaler Temperatur Ober-/Unterhitze in den Backofen geben.

6 Nach der Ruhezeit aus dem Teig zwei Pizzabrote formen und diese mit dem Knoblauchöl bestreichen.

7 Zu guter Letzt den geriebenen Cheddar auf die Teigfladen geben und diese auf den Pizzastein legen.

8 Ungefähr eine Viertelstunde müssen die Pizzabrote jetzt backen.

SALAMI-SCHINKEN-CALZONE

2 Port. 110 Min. Mittel

Zutaten

250 g Weizenmehl
1 Päckchen Trockenhefe
125 ml Wasser (lauwarm)
Einen halben Teelöffel Salz
1 Esslöffel Olivenöl

Tomatensauce:
2 Knoblauchzehen
500 g Zwiebeln
1 Dose Tomaten (gehackt)
45 g Tomatenmark
Einen halben Esslöffel Zucker
1 Esslöffel Olivenöl
4 Basilikumblätter (frisch)
2 Esslöffel Oregano (getrocknet)
Salz
Pfeffer

Füllung:
6 Scheiben Salami
6 Scheiben Kochschinken
8 Champignons (frisch)
1 Zwiebel
2 Kugeln Mozzarella

Nährwerte p. P.

1143 kcal
113 g Kohlenhydrate
49 g Fett
59 g Eiweiß

1 Die Trockenhefe mit dem Salz sowie dem Weizenmehl vermengen. Mittig eine kleine Kuhle in den Mix drücken. In diese das lauwarme Wasser gießen und dann aus dem Ganzen einen glatten Teig zubereiten. Gute zehn Minuten gilt es, den Teig ordentlich durchzukneten.

2 Dann aus dem Pizzateig eine Kugel formen und diese in eine eingeölte Schüssel legen. Zugedeckt muss der Teig jetzt eine Stunde ruhen.

3 In der Zwischenzeit die Knoblauchzehen sowie die Zwiebeln aus der Schale lösen und fein zerhacken. Beide Zutaten dann in einem Esslöffel Olivenöl dünsten. Sind die Zwiebeln glasig, kann das Tomatenmark zugegeben werden. Anschließend die Dosentomaten sowie den Zucker unterrühren und alles einmal aufkochen lassen.

4 Jetzt die Basilikumblätter fein hacken und diese mit dem Oregano unter die Sauce mischen. Danach das Ganze mit Pfeffer sowie Salz geschmacklich verfeinern. Nun kann auch der Pizzastein bei höchster Temperatur im Backofen aufgeheizt werden.

5 Den Mozzarella dann in Scheiben teilen. Gleiches mit den Champignons vornehmen. Die Zwiebel hingegen in Ringe teilen, während die Salami und der Kochschinken gewürfelt werden.

6 Jetzt aus dem Pizzateig zwei Pizzen formen und diese mit der Tomatensauce bestreichen. Auf die eine Hälfte der Pizzen dann die Zwiebelringe, Salami- sowie Kochschinkenwürfel und die Mozzarella-Scheiben legen.

7 Anschließend die Pizzen jeweils zuklappen und die Ränder fest andrücken. Die Calzone auf den Pizzastein legen und diese bei 200 Grad Celsius Ober-/Unterhitze circa 25 Minuten backen.

SCHINKEN-PAPRIKA-CALZONE

6 Port. 60 Min. Einfach

Zutaten

500 g Dinkelmehl
7 g Trockenhefe
300 ml Wasser (lauwarm)
3 Esslöffel Olivenöl
Eineinhalb Teelöffel Salz
Einen halben Teelöffel Zucker

Pizzasauce:
400 g Tomaten (gehackt)
1 Esslöffel italienische Kräuter

Belag:
100 g Champignons
100 g Kochschinken
1 Dose Mais
300 g Gouda (gerieben)

Nährwerte p. P.

496 kcal
90 g Kohlenhydrate
26 g Fett
29 g Eiweiß

1 Das Dinkelmehl mit dem Salz, der Trockenhefe sowie dem Zucker mischen.

2 Dann das Olivenöl und das lauwarme Wasser zugeben und alles in einen geschmeidigen Pizzateig verwandeln.

3 Anschließend den Teig zugedeckt eine halbe Stunde ruhen lassen.

4 In der Zwischenzeit die gehackten Dosentomaten in ein Küchensieb zum Abtropfen schütten. Diese dann mit den italienischen Kräutern verfeinern und mit Salz sowie Pfeffer würzen.

5 Jetzt den Pizzastein bei 250 Grad Celsius Ober-/Unterhitze in den Ofen geben.

6 Danach die Champignons säubern und in Scheiben teilen. Den Kochschinken hingegen würfeln und den Mais abtropfen lassen.

7 Nun aus dem Pizzateig Fladen formen und diese mit der Pizzasauce bestreichen.

8 Eine Hälfte der Pizzen nun mit den Schinkenwürfeln, den Champignonscheiben sowie dem Mais belegen. Das Ganze mit dem geriebenen Gouda bestreuen und die Pizzen dann zuklappen.

9 Nachdem die Ränder fest zugedrückt wurden, die Pizzen auf den Pizzastein legen und fünf bis zehn Minuten backen.

BROKKOLI-BUTTERKÄSE-CALZONE

4 Port. | 100 Min. | Mittel

Zutaten

500 g Weizenmehl
21 g Hefe (frisch)
3 Esslöffel Olivenöl
1 Teelöffel Salz
1 Prise Zucker

Pizzasauce:
1 Esslöffel Tomatenmark
1 Esslöffel Tomatenketchup
2 Esslöffel Olivenöl
1 Teelöffel italienische Kräuter (getrocknet)

Füllung:
1 Knoblauchzehe
1 Zwiebel
600 g Brokkoli
200 g Butterkäse (gerieben)
Pfeffer
Salz

Nährwerte p. P.

794 kcal
95 g Kohlenhydrate
31 g Fett
30 g Eiweiß

1 Zuerst die frische Hefe in das lauwarme Wasser bröseln und den Mix ordentlich umrühren.

2 Dann das Weizenmehl mit dem Salz sowie dem Zucker mischen. Hier das Hefewasser und das Olivenöl hineingeben und alles ausgiebig verkneten. Den Teig nun abdecken und an einem warmen Platz eine Dreiviertelstunde ruhen lassen.

3 Den Pizzastein schon einmal bei maximaler Temperatur Ober-/Unterhitze in den Backofen geben. Danach die Knoblauchzehe und die Zwiebel aus der Schale nehmen und beide Zutaten fein würfeln.

4 Diese dann mit einem Esslöffel Olivenöl in einem Topf dünsten und anschließend abkühlen lassen. Den Brokkoli jetzt in kleine Röschen teilen und diese in Salzwasser bissfest garen.

5 Nun das Tomatenmark mit dem Tomatenketchup, dem Olivenöl sowie den italienischen Kräutern mischen und die Pizzasauce mit Salz und Pfeffer geschmacklich verfeinern.

6 Jetzt die Brokkoli-Röschen mit dem Knoblauch-Zwiebel-Mix und dem geriebenen Butterkäse mischen. Aus dem Teig dann vier Pizzen formen. Diese mit der Pizzasauce bestreichen.

7 Eine Hälfte einer jeden Pizza dann mit dem Brokkoli-Käse-Gemisch versehen und die Pizza zuklappen. Die Ränder gut fest drücken.

8 Zu guter Letzt die Calzonen auf den Pizzastein legen und ungefähr 25 bis 30 Minuten backen.

KRABBEN-SPINAT-CALZONE

4 Port. 50 Min. Mittel

Zutaten

400 g Weizenmehl
4 Esslöffel Olivenöl
Einen halben Würfel Hefe (frisch)
1 Teelöffel Salz
1 Teelöffel Oregano (getrocknet)

Pizzasauce:
400 g Tomaten (passiert)
2 Knoblauchzehen
1 Esslöffel Oregano (getrocknet)
Etwas Muskatnuss

Füllung:
1 Dose Thunfisch (im eigenen Saft)
120 g Krabben (TK)
120 g Blattspinat (TK)
2 Zwiebeln
100 ml Sahne
2 Esslöffel Olivenöl
250 g Gouda (gerieben)

Nährwerte p. P.

890 kcal
83 g Kohlenhydrate
45 g Fett
36 g Eiweiß

1 Den halben Würfel Hefe ins lauwarme Wasser bröseln und das Ganze umrühren. Jetzt das Weizenmehl mit dem Salz sowie einer Prise Zucker und dem Oregano mischen.

2 Das Olivenöl sowie die Hefelösung zum Mehl-Mix geben und alles ordentlich verkneten. Den Pizzateig nun eine Dreiviertelstunde zugedeckt an einem warmen Platz gehen lassen.

3 Währenddessen die passierten Dosentomaten mit dem Oregano mischen. Die Knoblauchzehen fein hacken und diese ebenfalls in die Pizzasauce rühren. Das Ganze mit etwas Muskatnuss, Pfeffer sowie Salz abschmecken.

4 Danach den Pizzastein in den Backofen legen. Bei 240 Grad Celsius Ober-/Unterhitze kann dieser jetzt aufheizen. Die Krabben sowie den Spinat auftauen. Den Thunfisch abtropfen lassen.

5 Jetzt die Zwiebeln ohne Schale kurz in zwei Esslöffeln Olivenöl andünsten. Sowohl den Spinat als auch die Sahne dann zu den Zwiebeln geben und alles einmal aufkochen lassen. Aus dem Pizzateig vier Fladen formen und diese mit der Pizzasauce bestreichen.

6 Auf eine Hälfte der Pizzen dann den Spinat-Mix sowie den Thunfisch legen. Die Krabben darüber verteilen und alles mit dem geriebenen Gouda bestreuen.

7 Dann die Pizzen zusammenklappen, die Ränder festdrücken und die Pizzen auf den Pizzastein legen. Das Ganze muss jetzt bei 220 Grad Celsius Ober-/Unterhitze circa eine Viertelstunde backen.

GRILLGEMÜSE-CALZONE

2 Port. 90 Min. Mittel

Zutaten

175 g Weizenmehl
125 ml Wasser (lauwarm)
21 g Hefe (frisch)
75 g Weichweizengrieß
1 Esslöffel Olivenöl
Einen halben Teelöffel Salz

Pizzasauce:
200 g Tomaten (passiert)
1 Teelöffel Oregano (getrocknet)
1 Esslöffel Olivenöl
Pfeffer
Salz

Füllung:
1 Zitrone
1 Zucchini
1 Paprika (gelb)
1 Aubergine
30 g Parmesankäse (gerieben)
1 Esslöffel Olivenöl
250 g Mozzarella
Pfeffer
Salz

Nährwerte p. P.

945 kcal
102 g Kohlenhydrate
32 g Fett
27 g Eiweiß

1 Die Frischhefe zuerst in das lauwarme Wasser bröseln. Das Ganze umrühren, damit sich die Hefe auflöst.

2 Dann das Weizenmehl mit dem Weichweizengrieß, dem Salz sowie einem Esslöffel Olivenöl mischen. Das Hefewasser in den Mehl-Mix geben und alles ordentlich verkneten. Das Ganze anschließend zudecken und eine Stunde ruhen lassen.

3 Zwischenzeitlich die Zucchini sowie die Aubergine in Scheiben teilen. Die Paprika in Würfel verwandeln. Das Gemüse jetzt portionsweise mit einem Esslöffel Olivenöl in der Pfanne anbraten.

4 Anschließend die Basilikumblätter fein zerhacken und von der Zitrone die Schale abreiben. Beides mit dem Parmesankäse, etwas Pfeffer sowie Salz mischen.

5 Jetzt kann auch der Pizzastein bei maximaler Temperatur im Ofen aufgeheizt werden. Danach den Teig zu Pizzen formen und den Mozzarella in Scheiben teilen.

6 Nun die Pizzen mit der Pizzasauce einstreichen. Je eine Hälfte dann mit den Mozzarella-Scheiben, dem Grillgemüse sowie dem Parmesan-Mix belegen und die Pizzen zuklappen. Die Ränder fest andrücken.

7 Bei 220 Grad Celsius Ober-/Unterhitze kommen die Calzonen dann auf dem Pizzastein für ungefähr zehn Minuten in den Ofen.

International & Spezial

LACHS-FLAMMKUCHEN

2 Port. 30 Min. Einfach

Zutaten

250 g Weizenmehl
125 ml Wasser
2 Esslöffel Olivenöl
1 Teelöffel Salz

Belag:
3 Lauchzwiebeln
250 g Räucherlachs
1 Zitrone
150 g Crème fraîche
Pfeffer
Salz

Nährwerte p. P.

1045 kcal
102 g Kohlenhydrate
50 g Fett
41 g Eiweiß

1 Den Pizzastein im Vorfeld bei 240 Grad Celsius Ober-/Unterhitze ins untere Drittel des Ofens legen.

2 Jetzt das Weizenmehl mit dem Wasser, dem Olivenöl sowie dem Salz mischen.

3 Aus dem Teig zwei gleichgroße Flammkuchen formen.

4 Danach die Lauchzwiebeln in feine Ringe teilen und den Räucherlachs in kleine Stücke schneiden.

5 Nun die Crème fraîche auf die Flammkuchen streichen und diese mit dem Räucherlachs sowie den Lauchzwiebelringen belegen.

6 Das Ganze mit Pfeffer sowie Salz verfeinern.

7 Die Flammkuchen auf den Pizzastein legen und diese fünf bis zehn Minuten im Ofen backen.

8 Vor dem Servieren die Flammkuchen mit ein wenig Zitronensaft beträufeln.

ELSÄSSER FLAMMKUCHEN

2 Port. 60 Min. Einfach

Zutaten

250 g Weizenmehl
125 ml Wasser (lauwarm)
1 Päckchen Trockenhefe
3 Esslöffel Olivenöl
Einen halben Teelöffel Zucker
Einen halben Teelöffel Salz

Belag:
2 Esslöffel Crème fraîche
4 Esslöffel Speck (gewürfelt)
Eine halbe Zwiebel
Pfeffer

Nährwerte p. P.

1077 kcal
80 g Kohlenhydrate
25 g Fett
21 g Eiweiß

1 Das Päckchen Trockenhefe mit dem Zucker in dem lauwarmen Wasser auflösen.

2 Danach die Hefelösung mit dem Weizenmehl, dem Olivenöl sowie dem Salz vermengen, bis aus dem Ganzen ein glatter Teig entsteht.

3 Anschließend den Teig zudecken und diesen eine Dreiviertelstunde an einem warmen Platz aufgehen lassen.

4 Jetzt den Pizzastein bei maximaler Temperatur Ober-/Unterhitze in den Backofen legen.

5 Nachdem der Teig aufgegangen ist, diesen zu zwei Flammkuchen formen und mit der Crème fraiche bestreichen.

6 Die halbe Zwiebel in dünne Scheiben zerteilen und diese mit den Speckwürfeln auf der Crème fraîche verteilen.

7 Nun die Flammkuchen auf den Pizzastein legen und diese zehn bis 15 Minuten im Ofen backen.

NAAN BROT

6 Port. | 80 Min. | Einfach

Zutaten

100 g Naturjoghurt
100 ml Milch (lauwarm)
250 g Weizenmehl
1 Teelöffel Trockenhefe
Einen halben Teelöffel Backpulver
Einen halben Teelöffel Zucker
Einen halben Teelöffel Salz

Nährwerte p. P.

157 kcal
23 g Kohlenhydrate
6 g Fett
5 g Eiweiß

1 Zuerst die Trockenhefe sowie den Zucker in die lauwarme Milch mischen.

2 Jetzt das Weizenmehl in eine Schüssel geben, mittig eine Mulde ins Mehl drücken und hier die Hefemilch hineingießen. Den Hefe-Mix mit ein wenig Mehl bestäuben und das Ganze dann eine Viertelstunde ruhen lassen.

3 Danach den Naturjoghurt, das Backpulver sowie das Salz mit zum Weizenmehl geben und alles in einen glatten Teig verwandeln.

4 Die Schüssel mit einem Küchentuch abdecken und den Teig eine Stunde aufgehen lassen.

5 Jetzt den Ofen auf 240 Grad Celsius Ober-/Unterhitze stellen und den Pizzastein hier hineinlegen.

6 Nachdem der Teig aufgegangen ist, aus diesem sechs Fladen formen und diese auf den Pizzastein legen.

7 Circa zehn bis 15 Minuten muss das Naan Brot nun im Ofen backen.

LAHMACUN

6 Port. | 75 Min. | Einfach

Zutaten

500 g Weizenmehl
1 Würfel Hefe (frisch)
10 g Salz
350 ml Wasser (lauwarm)
1 Teelöffel Zucker
2 Esslöffel Olivenöl

Belag:
2 Esslöffel Tomatenmark
2 Esslöffel Paprikamark
3 Spitzpaprika
2 Zwiebeln
2 Knoblauchzehen
400 g Hack (gemischt)
1 Dose Tomaten (gehackt)
1 Teelöffel Kreuzkümmel
1 Bund Petersilie (frisch)
3 Teelöffel Salz
1 Teelöffel Paprikapulver (scharf)
1 Prise Zucker
Olivenöl

Nährwerte p. P.

532 kcal
67 g Kohlenhydrate
18 g Fett
22 g Eiweiß

1 Die frische Hefe sowie den Zucker in 50 Milliliter des lauwarmen Wassers rühren. Das Ganze dann circa zehn Minuten stehen lassen. Währenddessen schon einmal das Weizenmehl mit dem Salz mischen.

2 Anschließend die Hefelösung sowie das Olivenöl zum Mehl-Mix geben und das Ganze zu einem glatten Teig verarbeiten.Nun die Schüssel mit dem Teig darin abdecken und eine Stunde ruhen lassen.

3 Nach einer halben Stunde schon einmal den Pizzastein bei maximaler Temperatur im Backofen aufheizen.

4 Jetzt die Petersilie fein zerhacken und die Zwiebeln sowie die Knoblauchzehen ebenfalls in feine Stückchen teilen.

5 Von den Paprikas den Stiel sowie die Kerne entfernen und ebenso klein zerhacken.

6 Die Petersilie, die Paprika, die Zwiebel sowie den Knoblauch dann mit dem Tomatenmark, dem Paprikamark und dem Hack vermischen. Anschließend die gehackten Dosentomaten und alle genannten Gewürze zugeben.

7 Aus dem Teig ganz dünne Fladen formen und den Hackfleisch-Mix auf diese streichen.

8 Die Fladen dann auf den Pizzastein legen und diesen für zehn bis 15 Minuten in den Backofen schieben.

TOMATEN-ZWIEBEL-FOCACCIA

6 Port. | 80 Min. | Einfach

Zutaten

500 g Weizenmehl
1 Päckchen Trockenhefe
1 Teelöffel Zucker
250 ml Wasser (lauwarm)
1 Teelöffel Salz
4 Esslöffel Olivenöl

Belag:
2 Zwiebeln
125 g Kirschtomaten
1 Teelöffel Salz

Nährwerte p. P.

383 kcal
61 g Kohlenhydrate
10 g Fett
10 g Eiweiß

1 Die Trockenhefe und den Zucker in das lauwarme Wasser rühren und das Ganze circa zehn Minuten stehen lassen.

2 In der Zwischenzeit das Salz mit dem Weizenmehl vermengen und hier dann auch gleich das Hefewasser und das Olivenöl zugießen. Das Ganze ausgiebig verkneten und dann zugedeckt eine Stunde ruhen lassen.

3 Nach ungefähr 30 Minuten schon einmal den Pizzastein bei 240 Grad Celsius Ober-/Unterhitze in den Backofen legen.

4 Jetzt den Teig kreisförmig ausrollen, so dass sechs gleichgroße Fladen entstehen.

5 Die Kirschtomaten und die zuvor in Scheiben geschnittenen Zwiebeln darauf verteilen. Alles mit ein wenig Salz bestreuen.

6 Zu guter Letzt die Focaccia auf den Pizzastein legen und diese circa eine Viertelstunde im Ofen backen.

KNOBLAUCH-ROSMARIN-FOCACCIA

4 Port. | 80 Min. | Einfach

Zutaten

400 g Weizenmehl
220 ml Wasser (lauwarm)
30 ml Olivenöl
1 Teelöffel Salz
Eine Prise Zucker
18 g Hefe (frisch)

Belag:
2 Knoblauchzehen
2 Zweige Rosmarin
2 Esslöffel Olivenöl
Etwas grobes Salz

Nährwerte p. P.

475 kcal
72 g Kohlenhydrate
15 g Fett
11 g Eiweiß

1 Zuerst den Pizzastein bei 240 Grad Celsius Ober-/Unterhitze in den Backofen legen.

2 Dann die Frischhefe in das lauwarme Wasser bröseln und den Zucker hineinrühren. Die Mischung ungefähr zehn Minuten stehen lassen.

3 Danach das Weizenmehl, das Olivenöl sowie das Salz zur Hefelösung geben und alles miteinander verkneten.

4 Den Teig anschließend zudecken und eine halbe Stunde ruhen lassen.

5 Jetzt die Knoblauchzehen und den Rosmarin fein zerhacken. Die Hälfte in den Teig geben und diesen erneut 20 Minuten gehen lassen.

6 Nach der Ruhezeit den Teig zu Fladen formen und in den Teig kleine Dellen drücken. Die Fladen mit etwas Olivenöl beträufeln und in die Dellen den übrigen Rosmarin sowie den Knoblauch legen. Alles mit etwas grobem Salz bestreuen.

7 Zu guter Letzt die Focaccia auf den Pizzastein legen und diese im Ofen zwölf Minuten backen.

SPINAT-PIDE

10 Port. | 140 Min. | Einfach

Zutaten

150 g Weizenmehl
1 Teelöffel Trockenhefe
1 Ei
90 ml Wasser (lauwarm)
2 Esslöffel Olivenöl
1 Teelöffel Salz
Einen halben Teelöffel Zucker

Belag:
100 g Gouda (gerieben)
300 g Spinat
100 g Schafskäse
Etwas Muskatnuss
Pfeffer
Salz

Nährwerte p. P.

576 kcal
32 g Kohlenhydrate
12 g Fett
17 g Eiweiß

1 Den Zucker und die Trockenhefe in das lauwarme Wasser mischen. Das Hefewasser anschließend zehn Minuten stehen lassen.

2 Zwischenzeitlich das Weizenmehl mit dem Salz vermengen. Nach zehn Minuten das Hefewasser sowie das Olivenöl zugeben und alle zu einem klebrigen Teig vermischen.

3 Die Schüssel mit dem Teig zudecken und zwei Stunden gehen lassen.

4 Währenddessen den Spinat säubern, fein hacken und mit etwas Olivenöl in eine Pfanne geben. Nach zehn Minuten den Spinat mit Pfeffer, Muskatnuss und etwas Salz verfeinern.

5 Jetzt den Schafskäse in feine Würfel zerteilen und diesen zum Spinat geben. Alles erneut mit Pfeffer sowie Salz würzen.

6 Danach den Ofen auf 200 Grad Celsius herunterdrehen.

7 Aus dem Teig Pides formen und mittig den Spinat-Mix verteilen. Dann den Gouda darüberstreuen. Den Rand mit dem verquirlten Ei bestreichen.

8 Die Pides auf den Pizzastein legen und diese circa zehn bis 15 Minuten backen.

EINFACHES FLADENBROT

4 Port. | 140 Min. | Einfach

Zutaten

400 g Weizenmehl
3 Esslöffel Olivenöl
1 Teelöffel Salz
Einen halben Würfel Hefe (frisch)
1 Teelöffel Zucker
250 ml Wasser (lauwarm)

Nährwerte p. P.

435 kcal
71 g Kohlenhydrate
11 g Fett
10 g Eiweiß

1 Die Frischhefe in das lauwarme Wasser bröseln. Danach den Zucker einrühren und den Mix circa zehn Minuten stehen lassen.

2 Dann das Salz mit dem Weizenmehl mischen. Das Olivenöl sowie die Hefe-Zucker-Mischung zugießen und alles zu einem glatten Teig verarbeiten.

3 Die Schüssel nun mit einem feuchten Tuch zudecken und den Teig eine Stunde aufgehen lassen.

4 Nach 30 Minuten den Pizzastein bei höchster Temperatur in den Backofen legen.

5 Jetzt den Teig in vier gleichgroße Kugeln formen und das Ganze in Fladen verwandeln. Diese erneut 20 bis 30 Minuten ruhen lassen.

6 Anschließend mit einem Messer ein leichtes Gittermuster in die Fladen ritzen.

7 Diese dann auf den Pizzastein legen, mit ein wenig Olivenöl bestreichen und acht bis zehn Minuten im Ofen backen.

GEMÜSE-FLAMMKUCHEN

4 Port. | 60 Min. | Einfach

Zutaten

200 g Weizenmehl
Eineinhalb Teelöffel Olivenöl
1 Teelöffel Salz
100 ml Wasser
25 ml Weißwein (trocken)

Belag:
1 Zucchini
2 Zwiebeln (rot)
3 Stangen Spargel (grün)
1 Paprika (rot)
1 Paprika (gelb)
100 g Mais
100 g Crème fraîche
4 Esslöffel Ajvar (Paprikapaste)
1 Esslöffel Olivenöl
Pfeffer
Salz

Nährwerte p. P.

415 kcal
46 g Kohlenhydrate
20 g Fett
7 g Eiweiß

1 Für den Flammkuchenteig einfach das Weizenmehl mit dem Olivenöl, dem Salz, dem Weißwein sowie dem Wasser vermengen.

2 Dann den Teig zudecken und eine Dreiviertelstunde ruhen lassen.

3 Nach einer Viertelstunde den Pizzastein bei Maximaltemperatur Ober-/Unterhitze in den Ofen legen.

4 Jetzt die Zucchini in feine Scheiben teilen. Gleiches mit der roten Zwiebel vornehmen. Die Paprikas hingegen in feine Streifen zerteilen und den Spargel stückeln. Der Mais muss lediglich abgetropft werden.

5 Danach den Ajvar in die Crème fraîche rühren. Die Creme mit Salz abschmecken.

6 Aus dem Teig vier Flammkuchen formen und diese mit der verfeinerten Crème fraîche bestreichen.

7 Auf die Crème fraîche das Gemüse verteilen. Das Ganze mit etwas Olivenöl beträufeln und mit Pfeffer sowie Salz verfeinern.

8 Die Flammkuchen auf dem Pizzastein zehn bis zwölf Minuten backen.

DATTEL-BACON-FLAMMKUCHEN

4 Port. | 100 Min. | Einfach

Zutaten

150 ml Buttermilch
250 g Weizenmehl
20 ml Olivenöl
15 g Hefe (frisch)
Eineinhalb Teelöffel Salz

Belag:
200 g Crème fraîche
20 g Honig
100 g Datteln
100 g Bacon (Scheiben)
2 Zweige Thymian (frisch)
50 g Rucola
Einen halben Teelöffel Pfeffer

Nährwerte p. P.

602 kcal
67 g Kohlenhydrate
30 g Fett
15 g Eiweiß

1 Zuerst die Buttermilch leicht erwärmen. Hier die Hefe hineinbröseln und den Mix ordentlich umrühren.

2 Das Weizenmehl mit dem Salz mischen. Die Hefelösung mit dem Olivenöl in den Mehl-Mix gießen und das Ganze in einen geschmeidigen Teig verwandeln.

3 Diesen dann zugedeckt circa eine Stunde ruhen lassen.

4 Nach 30 Minuten den Pizzastein bei höchster Temperatur Ober-/Unterhitze in den Ofen legen.

5 Die Crème fraîche mit dem Honig verrühren.

6 Jetzt aus dem Teig vier Flammkuchen formen und diese mit der Crème fraîche-Honig-Creme bestreichen.

7 Die Datteln fein zerhacken und den Bacon in kleine Stücke teilen. Beide Zutaten ebenfalls auf die Flammkuchen geben. Den zuvor zerhackten Thymian darüberstreuen.

8 Die Flammkuchen auf den Pizzastein legen und diesen zehn bis zwölf Minuten in den Ofen geben.

9 Nach der Backzeit die Flammkuchen mit dem Rucola verfeinern und mit ein wenig Pfeffer bestreuen.

Dessert-Pizza

APFELKUCHEN-PIZZA

4 Port. 60 Min. Einfach

Zutaten

500 g Weizenmehl
2 Esslöffel Rapsöl
250 ml Wasser (lauwarm)
1 Würfel Hefe (frisch)
1 Teelöffel Salz
1 Prise Zucker

Belag:
Einen halben Teelöffel Zimt
1 kg Äpfel
2 Esslöffel Honig
50 g Butter (weich)
Eine Handvoll Mandeln (gehackt)

Nährwerte p. P.

833 kcal
132 g Kohlenhydrate
23 g Fett
18 g Eiweiß

1 Das lauwarme Wasser mit der zerbröselten Frischhefe verrühren. Danach die Prise Zucker, das Rapsöl sowie das Salz ins Hefewasser geben.

2 Die Hefelösung dann eine Viertelstunde stehen lassen.

3 Anschließend das Weizenmehl in eine Schüssel geben und dieses mit der Hefelösung verkneten. Zugedeckt muss der Pizzateig dann ungefähr 40 Minuten ruhen.

4 Währenddessen die Äpfel von ihren Schalen sowie ihren Kernen befreien und diese dann in kleine Spalten teilen.

5 Den Pizzastein bei 250 Grad Celsius Ober-/Unterhitze in den Backofen geben.

6 Dann die Butter mit dem Zimt sowie dem Honig in einem Topf erhitzen und hier die Apfelspalten hineingeben.

7 Jetzt aus dem Teig vier Pizzen formen und auf diese die Apfelspalten verteilen.

8 Auf das Ganze die gehackten Mandeln streuen.

9 Die Pizzen auf den Pizzastein legen und bei 200 Grad Celsius Ober-/Unterhitze circa acht Minuten backen.

ERDBEER-SCHOKOLADEN-PIZZA

4 Port. 20 Min. Einfach

Zutaten

150 g Magerquark
100 g Weizenmehl
Einen halben Teelöffel Backpulver
Einen halben Teelöffel Salz

Belag:
150 g Erdbeeren
2 Esslöffel Kokosnussöl
50 g Zartbitter-Schokolade
2 Teelöffel Rum-Aroma
100 g Zartbitter-Kuvertüre

Nährwerte p. P.

1376 kcal
161 g Kohlenhydrate
53 g Fett
39 g Eiweiß

1 Den Magerquark mit dem Weizenmehl, dem Backpulver sowie dem Salz verkneten, bis das Ganze einen glatten Teig ergibt.

2 Dann die Erdbeeren säubern und in Scheiben zerteilen.

3 Anschließend die Schokolade sowie die Kuvertüre mitsamt dem Kokosnussöl zum Schmelzen bringen.

4 Die geschmolzene Schokolade über die Erdbeeren verteilen.

5 Jetzt nur noch die Pizza auf den Pizzastein geben und bei 200 Grad Celsius Ober-/Unterhitze acht Minuten im Ofen backen.

FRÜCHTE-MIX-PIZZA MIT RICOTTA

4 Port. | 25 Min. | Einfach

Zutaten

100 g Weizenmehl
Einen halben Teelöffel Salz
150 g Quark
Einen halben Teelöffel Backpulver

Belag:
200 g Ricotta
100 g Blaubeeren
50 g Himbeeren
100 g Erdbeeren
Eine halbe Ananas (frisch)

Nährwerte p. P.

1520 kcal
226 g Kohlenhydrate
31 g Fett
51 g Eiweiß

1 Zuerst sämtliche Zutaten für den Teig miteinander verkneten, bis ein geschmeidiger Teig entstanden ist.

2 Anschließend den Pizzastein bei höchster Temperatur im Ofen aufheizen.

3 Jetzt die Erdbeeren, Himbeeren sowie Blaubeeren säubern und die Erdbeeren in Stücke teilen. Die anderen Beeren eventuell teilen.

4 Die Ananas von ihrer Schale lösen, den Strunk entfernen und die Hälfte des Fruchtfleisches ebenfalls stückeln.

5 Danach aus dem Teig Pizzen formen und diese erst mit der Ricotta bestreichen und dann mit den Früchten belegen.

6 Die Pizzen auf den Pizzastein legen und diese bei 200 Grad Celsius Ober-/Unterhitze circa acht Minuten backen.

NOUGAT-NUSS-PIZZA

4 Port. 15 Min. Einfach

Zutaten

100 g Dinkelmehl
150 g Quark
Einen halben Teelöffel Salz
Einen halben Teelöffel Backpulver

Belag:
10 Marshmallows
300 g Nuss-Nougat-Creme
100 g Schokoladenraspeln (weiß)

Nährwerte p. P.

679 kcal
84 g Kohlenhydrate
30 g Fett
15 g Eiweiß

1 Den Pizzastein zuerst bei maximaler Temperatur Ober-/Unterhitze in den Backofen schieben.

2 Danach den Quark mit dem Salz, dem Backpulver sowie dem Weizenmehl ausgiebig verrühren.

3 Aus dem Teig jetzt vier Pizzen formen und auf diese die Nuss-Nougat-Creme streichen.

4 Jetzt noch die Marshmallows teilen und auf die Pizzen legen. Das Ganze mit den weißen Schokoladenraspeln bestreuen.

5 Zu guter Letzt die Pizzen auf den Pizzastein legen und diese bei 200 Grad Celsius Ober-/Unterhitze acht Minuten backen.

FRUCHTIGE PUDDING-PIZZA

8 Port. 25 Min. Einfach

Zutaten

500 g Weizenmehl
2 Esslöffel Olivenöl
1 Würfel Hefe (frisch)
1 Teelöffel Salz
1 Prise Zucker
250 ml Wasser (lauwarm)

Belag:
500 ml Milch
1 Päckchen Puddingpulver
3 Esslöffel Zucker
50 g Blaubeeren
100 g Himbeeren
2 Kiwis
50 g Kokosnussraspeln

Nährwerte p. P.

409 kcal
60 g Kohlenhydrate
10 g Fett
10 g Eiweiß

1 Zuerst in das lauwarme Wasser die Frischhefe hineinbröseln und einmal ordentlich umrühren.

2 Jetzt das Olivenöl, den Zucker sowie das Salz zugeben und das Gemisch eine Viertelstunde stehen lassen.

3 Anschließend die Hefelösung mit dem Weizenmehl mischen und dann zugedeckt 40 Minuten ruhen lassen.

4 Dann den Pizzastein auf 240 Grad Celsius Ober-/Unterhitze aufheizen.

5 Nun den Pudding nach Anleitung mit Hilfe des Puddingpulvers, der Milch und des Zuckers zubereiten.

6 Anschließend die Kiwis aus der Schale nehmen und diese in Scheiben trennen. Die Blaubeeren sowie die Himbeeren lediglich kurz abbrausen.

7 Aus dem Teig dann vier Pizzaböden mit einem etwas höheren Rand formen. Diese mit dem Pudding versehen und mit den Früchten belegen. Die Kokosnussraspeln zum Schluss über das Ganze streuen.

8 Zu guter Letzt die Pudding-Pizzen auf den Pizzastein legen und diesen bei 200 Grad Celsius in den Backofen schieben.

BLAUBEER-FRISCHKÄSE-PLUNDER

4 Port. 15 Min. Einfach

Zutaten

1 Rolle Blätterteig (Kühlregal)

Füllung:
200 g Frischkäse
250 g Blaubeeren
30 g Zucker
8 Teelöffel Waldfrucht-Konfitüre
1 Ei
2 Teelöffel Zitronensaft
1 Teelöffel Zitronenabrieb
1 Vanilleschote

Nährwerte p. P.

423 kcal
38 g Kohlenhydrate
26 g Fett
7 g Eiweiß

1 Zuerst den Pizzastein bei 220 Grad Celsius Ober-/Unterhitze aufheizen.

2 Dann das Mark der Vanilleschote auskratzen und dieses mit dem Frischkäse, dem Zitronensaft sowie dem Zitronenabrieb mischen.

3 Danach den Blätterteig in acht kleine Quadrate teilen. Mittig auf die Quadrate den Frischkäse mit einem Klecks Waldfrucht-Konfitüre geben.

4 Anschließend jeweils von den Ecken des Blätterteigs aus bis zu Füllung den Teig mit einem Messer einschneiden und jede Ecke einmal einklappen.

5 Mittig auf jedem Plunder nun ein paar Blaubeeren verteilen.

6 Jetzt das Ei verquirlen und die Plunderstücke damit einstreichen.

7 Zu guter Letzt die Plunder auf den Pizzastein legen und diese 10 bis 15 Minuten im Ofen backen.

ZIMT-PLUNDER

4 Port. 15 Min. Einfach

Zutaten

1 Rolle Blätterteig (Kühlregal)

Füllung:
100 g Zucker (braun)
100 g Frischkäse
50 g Puderzucker
100 g Butter (weich)
3 Teelöffel Zimt
Einen halben Teelöffel Vanilleextrakt

Nährwerte p. P.

261 kcal
58 g Kohlenhydrate
39 g Fett
8 g Eiweiß

1 Zuerst den Pizzastein im Ofen bei 220 Grad Celsius Ober-/Unterhitze aufwärmen.

2 Den Zimt sowie den braunen Zucker mit der weichen Butter verrühren.

3 Dann den Puderzucker mit dem Frischkäse sowie dem Vanilleextrakt mischen.

4 Anschließend den Blätterteig in acht gleichgroße Quadrate teilen.

5 Die Quadrate dann mit der Zimt-Butter bestreichen und die Ecken des Blätterteigs mit einem Messer einschneiden. Die Ecken dann zusammenklappen.

6 Jetzt die Plunderstücke auf den Pizzastein legen und diese circa zehn Minuten backen.

7 Nach dem Backen das Ganze ein wenig abkühlen lassen und dann mit einem Klecks des Frischkäse-Mixes versehen.

BIRNEN-PIE-PLUNDER

10 Port. 20 Min. Einfach

Zutaten

1 Rolle Blätterteig (Kühlregal)

Füllung:
1 kg Birnen
50 g Butter
Einen halben Teelöffel Zimt
2 Esslöffel Honig
50 g Mandeln (gehackt)

Nährwerte p. P.

890 kcal
52 g Kohlenhydrate
28 g Fett
24 g Eiweiß

1 Den Pizzastein vorab in den Backofen geben. Bei 220 Grad Celsius Ober-/Unterhitze kann dieser so langsam aufheizen.

2 Danach die Birnen von der Schale lösen, die Kerngehäuse entfernen und alle in kleine Spalten zerteilen.

3 Dann die Butter mit dem Zimt und dem Honig in einem Topf erhitzen und die Birnenspalten darin schwenken.

4 Anschließend den Blätterteig ausrollen und in acht gleichgroße Vierecke zerteilen.

5 Mittig nun den Birnen-Pie verteilen. Dann die Ecken des Teigs mit einem Messer einschneiden und jede Ecke zur Mitte klappen.

6 Die Plunderteilchen mit den gehackten Mandeln bestreuen und auf den Pizzastein legen.

7 Ungefähr zehn bis 15 Minuten müssen die süßen Teilchen jetzt backen.

ERDBEER-PFIRSICH-PIZZA MIT MASCARPONE

4 Port. | 60 Min. | Einfach

Zutaten

400 g Weizenmehl
70 g Hartweizengrieß
1 Teelöffel Salz
300 ml Wasser (lauwarm)
1 Esslöffel Olivenöl
2 Teelöffel Zucker
15 g Hefe (frisch)

Belag:
125 g Mascarpone
125 g Ricotta
50 g Marzipanrohmasse
1 Teelöffel Zitronenabrieb
70 g Erdbeeren
60 g Himbeeren
2 Pfirsiche
40 g Pistazien (gehackt)
25 g Mandelblättchen
1 Esslöffel Zucker (braun)

Nährwerte p. P.

850 kcal
56 g Kohlenhydrate
50 g Fett
36 g Eiweiß

1 Für den Teig zuerst die Frischhefe ins lauwarme Wasser bröseln.

2 Anschließend den Zucker, das Olivenöl sowie das Salz unter das Hefewasser rühren.

3 Jetzt nach und nach das Weizenmehl sowie den Hartweizengrieß einrühren und alles in einen geschmeidigen Teig verkneten.

4 Den Pizzateig dann zudecken und eine Dreiviertelstunde bei Zimmertemperatur gehen lassen.

5 Nun den Pizzastein bei 240 Grad Celsius Ober-/Unterhitze in den Backofen legen.

6 Danach den Pizzateig ausrollen und auf diesen die Ricotta streichen.

7 Die Mascarpone in kleinen Portionen darauf streichen und darüber die Marzipanrohmasse sowie den Zitronenabrieb verteilen.

8 Jetzt die Pfirsiche sowie die Erdbeeren in Scheiben zerteilen und alles samt Himbeeren auf die Pizzen geben.

9 Zuletzt die gehackten Pistazien, die Mandelblättchen und den Zucker über alles streuen.

10 Die süße Pizza auf den Pizzastein legen und im Ofen fünf bis zehn Minuten backen.

PFLAUMENMUS-PIZZA MIT STREUSELN

2 Port. 90 Min. Einfach

Zutaten

130 ml Milch (lauwarm)
175 g Weizenmehl
20 g Butter (weich)
1 Ei
15 g Hefe (frisch)
30 g Zucker
1 Prise Salz

Belag:
250 g Pflaumenmus
100 g Weizenmehl
75 g Zucker
75 g Butter (weich)

Nährwerte p. P.

1195 kcal
178 g Kohlenhydrate
45 g Fett
15 g Eiweiß

1 Das Weizenmehl in eine Schüssel sieben. Mittig ins Mehl eine Kuhle drücken und hier die Frischhefe hineinbröseln.

2 Hier auch gleich die lauwarme Milche hineingießen und das Ganze mit ein wenig Mehl vom Rand bestäuben. Den Mehl-Hefe-Mix dann zugedeckt eine Viertelstunde stehen lassen.

3 Währenddessen die Butter schmelzen und diese mit dem Ei sowie dem Zucker verrühren. Das Butter-Zucker-Gemisch dann zum Weizenmehl geben und alles in einen glatten Teig verwandeln. Den Teig erneut zugedeckt circa 20 Minuten ruhen lassen.

4 Jetzt den Pizzastein schon einmal in den Backofen legen, damit dieser sich bei maximaler Temperatur aufheizen kann.

5 Danach den Teig zu Pizzaböden formen und diesen mehrmals mit einer Gabel einstechen. Darauf das Pflaumenmus streichen und die Pizzen wieder 20 Minuten ruhen lassen.

6 In der Zwischenzeit aus den hundert Gramm Weizenmehl, den 75 Gramm Zucker sowie der Butter einen Streuselteig zubereiten. Diese über die Pizzen streuen.

7 Zu guter Letzt die süßen Pizzen auf den Pizzastein legen und bei 180 Grad Celsius Ober-/Unterhitze circa 25 Minuten backen.